今さらだけど、「和食」をイチから考えてみた。

笠原将弘

はじめに――和食が食べられる幸せ

炊きたてほかほか、つやつやの白いごはん。
汁物の具材は、スーパーで見つけた値頃感のある季節野菜と豆腐。
おかずには、焼き魚とか、漬け物を少々。
長年愛用の藍色のごはん茶碗、赤いお椀、黒い箸に丸い豆皿を箸置きに。

あぁ、これだけでもう、「幸せ」と、僕は思う。

子どもの頃のふだんの食卓から、料理人として働く今にいたるまで、和食を味わい、感じ、考え、作り続けた半世紀。

はじめに

昨年五十歳になった僕の人生は、和食とともにあり、和食と伴走してきた日々だった。

嬉しいとき、悲しいとき、楽しいとき、悔しいときも辛いときも、僕はずっと和食と向き合い、和食をたくさんの人に気軽に楽しんでもらいたいがために、腕を磨き、知恵をしぼってきた。

その想いは、僕の料理を通して、はたしてたくさんの人に届いているだろうか……。

いや、まだまだ道半ば、だろう。


日本人が十人いたら、十人それぞれの和食があると思う。

それは、僕が毎日食べても飽きない和食とは、ちょっと違うかもしれない。


お弁当のわかめおにぎりやおいなりさん。

酒の肴《さかな》の冷奴に刻みねぎ。

残り物をたくさん入れた冬の鍋物。

おそば屋さんのカレーライス。

がっつり食べたい昼ごはんのとんかつ定食。

野良仕事のお茶請《ちゃう》けにいただく果物のシロップ漬けや漬け物。


これ、みんな和食だ。

そう、それぞれが愛する和食があっていい。


忙しい毎日を、誰もが送っている。

不安定な世界情勢や先行き不透明な世の中の状況もあいまって、誰もが生きることにちょっと不安を覚え、怖さを感じているのではないか。

「でも……」と僕は、思う。

食べることは生きること。

どんなときでも、食べなければ、未来を見られない。

だから、

「今日も、何か食べて、元気になろう」

「食べて、明日に備えよう」

「さぁ、ごはんを作ろう」

そう思うのだ。


僕にとってのエネルギーの源は、やはり「和食」。

だから、今さらだけど、僕の人生の伴走者である「和食」というものを、じっくり考えて、見つめ直してみたいと思った。

和食に対して、僕は今まで何をしてきただろうか。

どんな貢献をして、どんな冒険をして、そしてこれから、和食を通して何をしたいだろうか、と。

今までを振り返り、これからを考えることで、和食の未来、僕のこれからのこと、日本人の行路までもが、少し見えるような気がした。

和食を食べられる今日この日の幸せをかみしめながら、今さらだけど、僕の分身である和食について、イチから考えてみることにした。


みんなが安心して「いただきます」を言える毎日が、当たり前のように続くことを願ってやまない。

そんな日々のなかに、僕が大切にしてきた和食の居場所があれば、言うことなし（……と心から思っている）。

今さらだけど、「和食」をイチから考えてみた。

◎目次

はじめに——和食が食べられる幸せ　2

其の一▼▼▼毎日食べる和食のこと

和食って、なんだろう？　14
レシピに頼りすぎていないか？　16
出汁信仰にとらわれない　19
和食の「型」ってなんだ？　22
和食を支えているもの　25
和食が育んでくれる健康のこと　31
和食の強みはうま味にあり　34
カレーライスは和食なのか？　38
ふだんのごはん作りも発想転換でやっていく　42

子どもはわかりやすい味に反応する　44
多彩な味の経験は大切だが、それがすべてではない　48

其の二▼▼▼挑戦！　和食給食応援団のこと

和食給食応援団は、どのようにして始まったのか？　52
若い栄養士さんも和食が苦手だった　55
和食給食応援団の献立作りの流れ　58
子どもが和食嫌いというわけではない　62
子どもと一緒に出汁を取る、味わう　65
店の出汁と家庭や給食の出汁は、まったく別物でいい　68
献立作りのヒントは不自由さ　71
時代とともに食卓の風景は変わるもの　75

修業時代の師匠の教え――「人の役に立て」 79
料理人は人を幸せにする仕事 81
知識の深さがおいしさになる 83

其の三▼▼▼和食のこれから、和食の未来

和食の伝承は日本人全員が担うもの 88
和食のいいところが、ほかの国の料理をひきつけた 92
子どもたちこそ、未来の和食の継承者 94
和食を作り食べることが、環境にやさしい暮らし方になる 98
和食はとても経済的 102
言われたことだけやっていても面白くない 105
理由があるなら、厳しく叱って当たり前 107

人にもまれた経験が、料理をおいしくする 109
子どもには可能性がたっぷりある 112
出会いの喜びが夢になる 114
かっこよく、きれいな仕事をしたい 117
その年齢になって初めて見える世界がある 121
先行き不安なときこそ、チャンス 124
世界平和のために、料理ができること 126
カウンターから垣間見える人間関係 128
和食を通してチャレンジしたいこと 131
自分の和食を崩すとき 135
もっともっと、シンプルにしたい 138
四十七都道府県の和食全部を食べ尽くす 140
料理人はみんなやさしい 143

其の四 ▼▼▼ こんな和食、どうだろう？〈レシピ編〉

ウクライナの朝定「ボルシチ、鶏胸肉のキーウ風、パン」 148
東京の和食「ポテサラ寿司」 154
仲直りのごはん「豚しゃぶ鍋」 158
地球最後の日のごはん「和食の朝定食」 161

おわりに――和食を感じてみよう 169

其の一

毎日食べる和食のこと

和食って、なんだろう？

そもそも和食ってなんだろうか。

ぱっとひとことで言うのが難しいのだが、その土地の食材を、素材の味を活かしてシンプルに料理したものではないか。本来なら、すごくお手軽に作れるものだと思っている。

ところが、どうも「和食」と聞くと、難しいもの、手間がかかるものと捉える若い世代が多いような気がしてならない。子育て中のお母さんや、主婦の方々もまた然《しか》り。

それは、和食と言うと、懐石料理や割烹料理のように、立派な雰囲気の店や料亭で、記念日やお祝いなど特別な日に食べるものをイメージしてしまうからではないか。

でも、本来は、日本人にとっての毎日の食事、庶民の味、普通の人が普通に家で食べるごはんが和食だったはずだ。

毎日三食の家ごはんを作る際に、きちんと分量を計る人は、そうはいないはず。適当にささっと作るのが、ふだんのごはんだろう。

それこそが、僕たち日本人が食べてきた和食だと思っている。

ずっと和食と向き合っている料理人の僕ですら、そのくらいのぼんやりした定義しか言えない。でも、それでいいのではないか。

要は、和食は〃いつものごはん〃ということだ。

レシピに頼りすぎていないか？

これまで、たくさん料理本*を出している僕が言うのはおかしな感じがするが、材料、分量、手順が教科書のようにきちんと記されているレシピを、その通りに作ろうとするのは悪いことではない。まずはレシピ通りに作ってみるのもいいだろう。

でも、そうやって作ったごはんは、いつも食べているごはんとはかけ離れているというか……幻想だという気もする。

というのは、うちの祖母が味噌汁を作るとき、お茶碗に入れた水を人数分、鍋に入れていたからだ。ふだんの食事作りなのだから、そのぐらい大雑把で十分だった。

僕は料理教室でもたまに教えているのだが、レシピに「5ミリ幅で切る」と書かれていると、きっちりその通りに切ろうとする方がいらっしゃる。そんなふうにレシピにとらわれすぎるのはよくない。

なぜなら、レシピの情報に頼りすぎて、本当ならとてもシンプルに作れるはずの料理が、どんどんややこしくなってしまうからだ。レシピがなくても作れるもの、それが和食なのだと思ってほしい。

＊料理本——日本で最初の本格的料理書とされているのは、江戸時代に出版された『料理物語』（作者不詳）。

「杉やき」「あおがち」「ころばかし」など、辞書でも調べがつかない難しい料理用語がたくさん出てくるため、なかなか読まれる機会がなかったが、食物史研究家・平野雅章氏による現代語訳が一九八八年に刊行されている。

江戸時代に味噌汁がいかに普及したか、江戸と京の味の濃さの比較を、人々の労働量に着目して分析したりなど、収録されている識者の鼎談《ていだん》も興味深い。

ちなみに、世界最古の料理本の起源は古代メソポタミア時代（紀元前一六〇〇年頃）にまで遡るのだとか。粘土板に刻まれた宮廷内で供されていた高級料理についてのレシピは、『最古の料理』（ジャン・ボテロ、松島英子訳、法政大学出版局）にくわしい。

古代の人々が野菜から取った出汁《だし》をスープやシチューに使い、食材の味を引き出していたことに、数千年の時を超えて共感の気持ちが湧いてくる。

出汁信仰にとらわれない

出汁*を取らない和食もたくさんある。そもそも、和食はとてもシンプルで、難しいものではない。

疲れているときには、顆粒出汁を使って味噌汁を作ってもいいと思うし、味噌汁は出汁を取らなくてもいいとも思っている。そんなことに罪悪感を持たなくていいと言いたい。

毎日みんな、仕事に家事に育児に忙しいはず。家でごはんを作る人は、もっとラクをしていい。

昔、**味の素***ができたばかりの頃のことを思い出していただきたい。

「簡単！」「お手軽！」と、どんどん使い始めたではないか。便利なものができたら、それを使うことは悪いことではないと思っている。

もちろん、僕のようなプロの料理人が、お店で出す料理に味の素を使うのはダメなのだが。

＊出汁——出汁を知る機会（媒体）が何か、誰に教えてもらうかによっても、出汁のイメージはずいぶん変わるのだと思う。
一九九〇年代に、一流の料理人の料理対決をバラエティ番組仕立てにして人気を博した「料理の鉄人」。臨場感あふれる演出で、プロの料理人が、昆布やかつお節、煮干しから、ひと手間かけて本格的な出汁を取る様子を克明に映し出した。料亭で出されるような美しい出汁ができあがる様子は、視聴者の心をわしづかみにした。

こうしたテレビ番組の影響が「出汁は難しい」「自分にはできない」と、出汁をことさらに神聖化するのにひと役買ってしまった可能性もあるのではないか。

一方で、たんぱく源がとても貴重だった昭和二十年代は、家庭で作る料理には出汁を取った煮干しがそのまま入っていることもあった。店の出汁と家庭の出汁は、まったくの別物と言っていい。出汁を取ったあとのかつお節をぎゅっとしぼったほうがおいしいと考えている著名な料理研究家もいるくらいだ。上品さよりも「しっかり食べた」という実感こそが、なにより大切。それが家庭料理というものだろう。

＊味の素――一九〇八年、東京帝国大学教授の池田菊苗《きくなえ》が、昆布出汁に含まれるうま味成分が、アミノ酸の一種であるグルタミン酸であることを発見。「うま味を通じて粗食をおいしくし、日本人の栄養状態を改善したい」という想いに共感した鈴木三郎助《さぶろうすけ》が、一九〇九年に世界で初めてうま味調味料「味の素」を製品化した。

和食の「型」ってなんだ？

「白いごはんを中心に成り立っているもの」、これが、僕がイメージする和食であり、和食の「型」だと思っている。

何を置いても、やはり日本人の主食は「米（ごはん）」だろう。

白いごはんありきで、そこにどんなおかずを合わせるかを考える。白いごはんが真ん中にあるからこそ、味噌汁がおかずの筆頭にきたのだ。

味噌汁（汁物）以外には、その土地でその季節にとれる地場産の**旬***の食材や、季節の行事や風習にちなんだ料理が取り入れられたとしたら、もう立派な和食となる。

ほかにも、いろいろな**発酵食品***——味噌、醤油、お酢、納豆や漬け物——なども加えたい。

さらに、和食独特の**うま味***に欠かせない、昆布やかつお節、煮干しや干ししいたけなどから取れる出汁。

これが揃えば、日本だけではなく、どこの国に行っても和食を作ることができると思っていい。

＊旬——ある食材が最もおいしく食べられる時期のこと。
旬の食材はおいしいだけでなく、その季節にたくさん収穫されるため値段も安くなり、消費者にとってもありがたいものだ。

＊発酵食品──微生物の力で長期間保存ができるようになった食材や食べ物。複雑な味わいとうま味、風味が増しておいしいだけでなく、栄養価も高まる。

＊うま味──昆布、かつお節、煮干し、干ししいたけなど、さまざまな食材から得られる。いくつものうま味が重なると相乗効果で味わいが増し、料理がおいしくなり、栄養価も高まる。和食は、うま味のある出汁を取りながら味をととのえていくことを基本としている。

ちなみに、和食に欠かせない代表的なうま味の正体を発見したのは、主に日本人だったという事実は、実に感慨深い。一九〇八年に池田菊苗が昆布出汁のグルタミン酸、一九一三年に池田の弟子の小玉新太郎がかつお節のイノシン酸、一九五七年に国中明が干ししいたけのグアニル酸を発見した。

和食を支えているもの

生産者の方々は、まず絶対に外せない。というか、生産者の方々を抜きにして食は成り立たない。

農家さん、漁師さん……、食材がないと何にも作れないから、やはり生産者の方々の存在が一番大きい。

日本は北から南まで、細長い地形をしているので、気候風土も多様だし、四季折々、いろいろな食材が各地でとれる。がんばってくださる生産者の方々がいるからこそ、僕ら料理人も仕事ができている。

その次は、食べ物の周辺にある器や道具だろう。

たとえば、和食では汁物用に漆器《しっき》のお椀を使う。器を手に持ち、口の近くまで運ぶという食べ方は、世界的に見てもあまり例がない。だいたい汁物（スープ）は、スプーンで飲んだり、あるいはれんげを使ったりするからだ。

汁物を飲むときに直接器に口をつけていいのは、日本ぐらいではないだろうか。そう考えると、口につけても熱くない漆器のお椀は、理に適った優れたものと言える。

このように和食のお椀を作る職人さんも、和食を下支えしてくれている存在として欠かせない。


季節感の話に関連するが、季節ごとに器を変えるというのも、和食らしさだ。

まだ冷暖房がなかった時代は、暑い時期には涼しげな雰囲気を出すために、ガラスの器や白磁や青磁の器を使って涼を演出した。

寒くなってきたら、ぼてっとした厚みのある焼き物とか土の温もりのある器などを使ったりする。

さらに、忘れてはならないのが、年中行事を大事に続けている人たちの存在だ。子どもたちのために、行事にまつわる献立を考えている栄養士さん、給食を作る人たちがまさにそうだ。

年中行事にまつわる料理は立派な和食。最近では、正月にお節料理を食べない傾向があるとはいえ、節分のときは豆まき、ひな祭りには蛤《はまぐり》の吸い物とちらし寿司、端午の節句には粽《ちまき》などを、すぐに思い起こすことができるのではないか。

そのほかにも、冬至には料理のアクセントに柚子《ゆず》を使ったり、小豆《あずき》の炊き込みごはんやかぼちゃの煮物を用意したりする。

また、季節に寄り添った行事もたくさんある。春の**お花見***、夏の七夕、秋には秋祭りなどだ。

桜を愛《め》でるというのも、基本的には農家の人たちが田植え前にちょっとみんなで宴会でもしようといった趣旨のものだった。

収穫の頃には秋祭りがあって、豊作を祈る。だから、「ハロウィンなんてやってる場合じゃないぞ！」と、僕は思ってしまう。

「かぼちゃは冬至のときに食べるものでしょ」と、僕は和食作りを通して、しつこく言い続けているし、これからもそうしていくつもりでいる。

日本人になんとなくしみ込んでいる四季を大事にする感覚というか——ふと、桜を見上げてしまうとか、満月をきれいだなと感じることとか、紅葉した街路樹に秋を感じるとか——そういう感覚は、間違いなく和食を下支えしているものだ。


最後に挙げるのが、料理人。和食を作る人すべてが、食の伝承者だ。

そのなかでもプロとして技術を研鑽《けんさん》して、食を提供する僕らのような料理人は、和食の魅力をもっと高いレベルでたくさんの人に発信できる。だからこそ、それを自負して作り続けることは、意義深いことだと感じている。

このように、和食を支えているものは本当にたくさんあるのだが、食べる人の心の状態も大事なのではないか。

年中行事を楽しむことにもつながるのだが、たとえば、ちょっとした季節の変化に気づけるかどうか。そういうことは、すべて心の余裕があってのことだだと思う。ゆったり暮らすことで生まれる感性のように思う。

急ぎ足で暮らしていると、季節を感じる心の機微《きび》や、季節の行事を楽しむことすらも、省略されていくような気がする。時間に追われる生活のなかでは、季節の行事を味わうことが二の次になってしまうのは仕方がないことではあるのだが……。

それでもたまには、食事の際にいつもよりゆっくり咀嚼《そしゃく》してみたり、歩く速度を緩めてみたり、深く大きな深呼吸をしてみたりしてはどうだろうか。

そういうことを意識する人が一人でも増えたなら、和食も細々と、でも確実に継承され続けていくのではないかと思っている。

＊**お花見**――桜の花は世界中にあるけれど、複数人が集まって、食べ物や飲み物を広げて、花の下でともに時間をすごす……という愛で方をするのは日本人だけのようだ。

桜のほかにも、梅、桃、山吹、牡丹、躑躅《つつじ》、菊など、花見の対象になる花は季節によりさまざまだった。

「花」と言って「桜」を指すようになったのは平安中期以降。奈良時代に編まれた『万葉集』に比べて、平安時代に編まれた『古今和歌集』には桜を詠んだ歌のほうが多い。

高貴な貴族文化の一方で、農民たちの間では、「春山入り」「春山行き」と呼ばれる行事があった。花が咲き始める頃に飲食物を携えて山や丘で一日をすごすというもの。桜の咲き具合で稲の出来具合を占う行事、あるいは、冬の神様を山にお見送りし、春の田の神様を迎える宗教的な行事だったとも言われているようだ。

和食が育んでくれる健康のこと

塩分の摂りすぎが健康面で問題視されているが、出汁がよくきいていれば、塩分などの味つけはほんの少しでもいい。うま味成分を軸に味つけをすれば、自然と塩分控えめにもなる。

和食に関して塩分の例外があるとしたら、寒い地方の漬け物だろう。でもそれは保存食だから致し方ない。和食全般に言えるのは、出汁をもとにしたうま味成分のおかげで調味料が少なくてすむ、だから塩分も抑えられて、健康にいいということだ。

欧米型の食事は脂肪分と糖分がたっぷり含まれているものが多い。脂肪分や糖分を摂取しすぎると、たとえ満腹でも脳が飢餓状態と勘違いし、食欲を加速させてしまうという。

満腹感を教えてくれる「腹八分目」*という日本語は、世界中どこを見てもないだろう。それこそが、和食らしさを物語っているにほかならない。

さらに、お箸を使っておかずやごはんを食べるというように「口内調味」*をすることも和食独自のものと言える。おいしく食べるために口に入れる順序も考えるから、無意識のうちに頭を使うことになる。

フレンチのコース料理は、自動的に前菜、スープが出てくるし、韓国では一品を混ぜ合わせて食べたりする。わりとひたすら同じ感覚で食べている料理が世界には多いようだ。

その点、和食は白いごはんを真ん中において、いくつかの副菜が添えられているため、味の面でも、食べ方のリズムの面においても、単調にならない。考えながら食べているため、認知症予防にもひと役買っているような気がしている。

＊腹八分目——正しくは「腹八分目に医者いらず」。満腹になるまで食べないで八分目（全体の八割くらい）にしておくことで、健康でい続けられること。暴飲暴食を戒めることわざ。

＊口内調味——「三角食べ」とも言われる食べ方。まずはおかず、それからそれにちょうどよい量のごはんを口に入れて、口の中で合わせるというもの。主食と副食を交互に口に入れ調味することで、汁物とおかずが調和しやすくなり、味の変化をよりいっそう楽しむことができる。

ごはんが触媒になっているからこそできる、和食文化独特の食べ方。

和食の強みはうま味にあり

和食のベースには、出汁によるうま味があるが、これは日本の食文化独特のものだ。**お茶にもうま味成分***が含まれている。

うま味は「もう十分にいただきました」「おなかがいっぱいです」ということを脳に教えてくれる役割もある。

母乳がいい例となる。母乳には、昆布出汁並みのグルタミン酸（うま味成分の一種）が含まれている。うま味たっぷりの母乳は赤ちゃんにとって、おいしくてほっとする味なのだろう。でも、いくら赤ちゃんとはいえ、おいしいからといって際限なく母乳を飲むことはない。うま味成分には、脳をそんなふうに制御してくれる作用があるのだ。

ちょっと正反対な例を挙げると、欧米の料理にはこのうま味をきかせたものが少ない。油（脂質）と砂糖（糖質）のインパクトが強い料理が多くあるが、脂質と糖質は大げさに言えば欲望の塊のようなものだから、「もっとほしい」「いくらでも食べられる」という感覚になってしまう。ほどよいところで「満腹感」を教えてくれる和食と対極にあると言える。

欧米型の食事が浸透しているとはいえ、日本人に極端な肥満の人が少ないのは、和食のうま味の力に拠《よ》る部分が大きいのではないかと思っている。

だから、和食のうま味は、日本人の健康にひと役もふた役も買っていると言える。そういう食文化があることを、日本人にはもっと気づいてほしいし、誇りに思ってほしい。

余談になるが、最近「糖質制限ダイエット」がたびたび注目を集めている。「白いごはん（＝糖質）は悪者」みたいな論調もあるが、はたして本当に悪なのだろうか。

この論調には、僕はまっこうから「NO!」と言いたい。なぜなら、白いごはんは栄養面でもとても優れているからだ。

ごはん一杯分（約一五〇グラム）に含まれる主な栄養素は次の通りだ。

●たんぱく質＝三・八グラム（牛乳グラス半分に相当）
●脂質＝〇・五グラム（六枚切り食パン一枚のうち、六分の一に相当）
●炭水化物＝五五・七グラム（じゃがいも三個分に相当）
●亜鉛＝〇・九ミリグラム（ブロッコリー半分に相当）
●鉄分＝〇・二ミリグラム（ほうれん草の葉一～二枚分に相当）
●カルシウム＝五ミリグラム（さんま六分の一尾に相当）
●ビタミンB_1＝〇・〇三ミリグラム（キャベツの葉一～二枚分に相当）
●食物繊維＝〇・五グラム（セロリ三分の一本分に相当）

このように、ごはんが健康的な生活に欠かせないものであることは一目瞭然だろう。体に必要なものだし、食べることはまったく問題ない。そもそも、糖質は、白いごはん以外の食べ物にもいろいろ入っているのだから、白いごはんが悪いわけではない。

どんなことにも言えるのだが、「すぎたるは及ばざるが如し」。要は、「食べすぎはダメ」ということだ。

＊お茶のうま味成分——お茶の味わいは、カテキン（渋味）、カフェイン（苦味）、アミノ酸（うま味）などの成分で構成されている。抽出時間やお湯の温度によりこの三つの成分のバランスが調整でき、さまざまな味わいを楽しむことができる。ちなみに、お茶（緑茶）のうま味の「アミノ酸」と、かつお出汁のうま味の「核酸（イノシン酸）」の組み合わせで「うま味が増す」という研究結果が報告されている。出汁を使った和食とお茶の組み合わせは、味の相乗効果が期待できる黄金コンビとも言えそうだ（伊藤園ＨＰ「おいしさに関する研究」参照）。

カレーライスは和食なのか？

和食料理人が集まると、決まってこの話になる。もう、永遠の課題と言えるかもしれない。

コロッケ*、**とんかつ***、**カレーライス***は、もともとは西洋から入ってきた料理だ。大正時代には三大洋食とも言われていた。日本人が白いごはんに合うようにアレンジして、日本で独自の発展を遂げた料理と言えるだろう。

古くから日本にあったものではないが、それでも、「和食の真ん中には白いごはんがある」ということを前述したように、白いごはんと結びつけられる料理であれば、それは和食と言っていいのではないかと僕は思っている。

コロッケもとんかつもカレーライスも、「白いごはんプラスおかず」という型になっているからだ。

「和食＝一汁三菜でなければいけない」、というわけでもないだろう。具だくさんの味噌汁があれば、もうそれだけで立派なおかずだ。

僕の個人的な希望としては、それに漬け物があったらいいと思っているが、なくても十分だ。料理研究家の土井善晴《どいよしはる》先生も、一汁一菜でいいと著書の『一汁一菜でよいという提案』（グラフィック社）で言っている。

和食のイメージで、いろいろな小鉢が並んでいる様子を思い浮かべる方も多いだろう。僕は祖母と長く暮らして、祖母の手料理を毎日食べて育ったのでよくわかるのだが、多めに作った佃煮や煮物、自家製のらっきょうなどが、三、四日続けて食卓に上がることがよくあった。

そういうものがずらっと並ぶと、傍目にはなんだか「品数多いな、豪華だな」という印象を持つものだが、毎日のように全品を作っていたわけではない。

これも「レシピに頼りすぎていないか？」という話と同様に、「一汁三菜のこだわりを捨てよう！」と、僕は言いたい。

＊コロッケ――もともとはフランス料理で、ホワイトソースを使ったクリームコロッケが主流だった。でも日本で普及したのは、じゃがいもに肉や魚を混ぜたもの。当時臭いが嫌われた乳製品を使っていなかったため、じゃがいものほくほくした食感が日本人好みだったのではないかと言われているそうだ。

親父ゆずりの我が家のコロッケは、ポテトとクリームのいいとこどりをした〝ポテクリ〟コロッケ。味も食感も日本一！　だが、大正時代の人たちの口には合わなかっただろう……、と思われる。

＊とんかつ――コロッケ同様、もともとは「コートレット」というフランス料理。仔牛や羊の骨つき肉を塩・こしょうで味つけし、小麦粉、卵黄、パン粉の衣をつけてバターで焼いたもの。それが「カツレツ」と呼ばれて福沢諭吉などが紹介し、料理屋で出されるようになった。現在のような肉厚のとんかつを最初に出したのは、上野御徒町の西洋料理店「ポンチ軒」（一九二九年頃）。

僕が作るとんかつには醤油でしっかり下味をつける。だからソースなしでもいける味なのだ。

＊カレーライス——現代人に馴染みのあるカレーライスが、日本人に食されるようになったのは、明治時代の頃。日本で紹介された最古のカレーは、『西洋料理指南』（明治五年刊）にそのレシピが登場するが、「ねぎ、しょうが、にんにくを刻み、バターで炒め、鶏、海老、牡蠣《かき》、赤蛙などを加えて煮、カレー粉と小麦粉を加えてさらに煮る」というもの。じゃがいも、にんじん、たまねぎは入っておらず、しかも蛙が使われていたというのだから、今のカレーライスとはひと味もふた味も違うものだったのだろう。

僕はフランス料理で蛙を食べたことがある。食感、味わいはほぼ鶏のささみ。何も言わずに出されたら、みんなチキンカレーだと思って食べるだろう。

当初は洋食屋さんで食べる高級料理だった。今では日本人一人当たり一年間に七十九食を食べていると言われるくらい人気料理の一つに。ちなみに明治の文豪夏目漱石の『三四郎』にもちらり登場するが、こちらには〝ライスカレー〟とある。

ふだんのごはん作りも発想転換でやっていく

ごはん作りは筋トレみたいなものだ。やればやるほど、磨かれて強くなれる。場数を踏めば踏むほど、考える能力もつくし、上手になるには、場数を踏むしかない。料理はイメージトレーニングも大事だ。

なかなか思い通りに実践できないときは、素材の知識だけは蓄えておいて、ひたすらそれらを調理する様子をイメージする。これも効果的な料理上達法だ。

和食は旬の素材をシンプルに調理すればいいということを前述したが、そのためには、食材の旬を知らないといけない。大根も夏と冬で味が違うわけだから、季節ごとの味を知っておくことも大事なことだ。

そういう知識の積み重ねが、調理（料理）の能力を磨いていくのだと思う。

たとえば、素材を活かしてシンプルに作ったごはんのほうが、子どもは喜ぶという経験をしたことのある親御さんは、多いのではないだろうか。

料理全般に言えることだが、特に和食は、もっと自由でいいと思う。そのほうがみんなが気軽に作れるようになると思っているからだ。料理に携わっている一部の方々が「やっている感」を出したいがために、和食のハードルを上げてしまったのではないか、という気もしている。

和食は究極の「がんばらない料理」だ。なぜなら、日本人の日常のごはん、慣れ親しんだ、心落ち着く味、ソウルフードなのだから！ 僕はそのことを、自分の料理や仕事を通して、もっとたくさんの人に伝えたいと思っている。

僕にとってのソウルフードはやはり白いごはんと味噌汁。ここにちょっとおいしい鮭の塩焼きとかあじの干物、のり、梅干し、漬け物などが加われば最高だ（一六一ページ参照）。そして、お気に入りの茶碗、お椀、箸や箸置きがあれば完璧だ（カバー参照）。旅館の朝食ではごはんを三杯はおかわりしてしまう。五十歳をすぎても、朝からよく食べることが、仕事をするパワーとなっている。

子どもはわかりやすい味に反応する

子どもを持つお母さん方は、毎日のごはん作りで悩むことも多いだろう。家族全員（特に子ども）のストライクゾーンを狙ったごはん作りは、料理人の僕でもしんどい。毎日のこととなったらかなり頭を使う（……いや、無理かもしれない！）。

だから作る側もつい、子どもが喜びそうな、手軽に用意できるもので済ませてしまいたくなる。

パスタやハンバーガーなど、子どもたちは大好きだ。大人でも「うまい」と思うものだから。しかも子どものおこづかいくらいで食べられるし、メニューを提供するレストランも、コスパがとてもいい。

そういう食べ物に慣れすぎた子どもたちが和食を敬遠するのも、仕方ないことだろう。

なんと言っても、和食はインパクトが薄い。素材の持ち味を活かすような調理をするから、基本的に薄味だし、西洋の料理のようなしっかりとした濃い味ではない。

子どもは欲望のままに生きているようなものだから、「ほうれん草のお浸しよりも、フライドポテトが好き！」というのは、よく理解できる。だから、大人は子どもに、味の強制をしなくていいと思っている。

大人が「ほうれん草のお浸し」をおいしいと思って食べているのは、健康のためとか、緑黄色野菜のカロテンは体にいいとか、そういう情報のインプットもあるからだ。

「めちゃくちゃおいしい！」という衝動にかられて食べるというよりも、もっと頭を使って食べているように思う。

年頃の女の子がダイエットをするようになると、カロリーを控えめにしたいから、揚げ物を避けて野菜サラダを食べる、というように選んで食べるのも同じことだ。

子どもの偏食というか、食べ物の選り好みは、誰もが通る道、通過儀礼みたいなものではないだろうか。

そのうちきっと、和食のよさがわかるようになってくるはずだから、強制しなくてもいいと僕は思っている。

僕も子どもの頃、着色料や添加物たっぷりのどぎつい色や濃い味の駄菓子をむしゃむしゃ食べていた。今振り返ると、なんであんなに好きだったのだろうかと不思議に思う。大人になるにつれて自然と、そういう食べ物から離れていったのだ。

ほどよくいい加減な感じが、食生活には欠かせないのではないだろうか。

「昨日は、お菓子をたくさん食べたから、今日はちょっと控えよう」とか、「肉料理が続いたから、今夜は少し多めに野菜を食べようか」というようにすればいい。

少し前の日本人は一日二食だった時代も長かった。作るのが面倒くさい日があったら、一食抜いたっていいだろう（我慢できればだが）。

大人も子どもも、これくらいのバランス感覚で、ごはんを調整するのがよさそうな気がする。そして、大人は気長に見守っていればいい。

それよりも、親子で一緒においしく食べる時間を大切にしたほうが、いいと思う。

多彩な味の経験は大切だが、それがすべてではない

必ず必要というわけではないが、たとえば、子どもの頃からおいしい出汁の味を少しでも経験しておくことは、のちのちその子の宝になると思っている。一度その味から離れても、大人になってからまた思い出せるはずだから。

たとえば、親が音楽好きで、日常的にいろいろな音楽を聴いていると、耳のいい子が育つことが多いのではないか。親がアスリートで一緒になって体を動かしている子は、運動神経が発達するような気がしている。

僕の場合で言えば、自分の家が焼き鳥屋だったから、同級生の子どもたちが食べないような料理をたくさん食べてきた。

春には筍《たけのこ》を煮たものとか、夏には鮎の塩焼き、松茸の土瓶蒸しもおいしく食

べたりした。複雑で多種多様な味のおかげで、当然、舌が肥えた。子どもの頃にこうした経験ができればそれに越したことはないが、成長するなかで、情報をもとに「体にいいものを食べよう」と自ら学んでいけば、きちんと食べ物を選べる大人になれるはずである。

いや、そう信じている。

というのも、うちの長男の話。

僕が和食料理人で、和食についてあれこれ言ったり書いたりしているわけだが、何を隠そう末っ子の長男は野菜嫌いの偏食三昧。パンにウインナーを焼いた朝ごはんが大好きだ。上の二人の娘はもう大人なので、なんでもよく食べる（お酒もよく飲む）。けれど、こればっかりはもう、仕方ないなとあきらめている。

僕は子どものお弁当を毎朝作っているのだが、息子からはいまだに「お弁当には野菜入れないで」と言われたりする。魚か肉かと言えば、肉のほうが好きで、パスタも大好き。好き嫌いもたくさんある。おやじが和食料理人でもこうなるのだ。

でも、息子に持たせるお弁当には、白いごはん！　これだけは徹底している。

食べられるものが増えていくのは強みだ。

「これしか食べられない」と思って生きていくのは、とても窮屈なことだ。いろいろなものを食べられたほうが楽しいし、選択肢も増えるわけだから。そういう子のほうが、どんな環境でも生き延びることができると思っている。

とはいえ、子育ては忍耐みたいなところもある。子どもの食に関しても、できるだけ黙って見守るようにしている。

息子がいつかきっと、自分のソウルフードを自分で選べる大人になると、信じているからだ。

其の二
挑戦！
和食給食応援団のこと

和食給食応援団は、どのようにして始まったのか？

とある料理人の集まりがあったときのことだった。子どもたちのところへ、プロの料理人が給食を作りに行くという企画の話が出た。それを実際にやってみたのだが、とても楽しかった。

そのとき僕はコロッケ給食を考えた。自分の献立を給食で出して、子どもたちと一緒に食べたところ、みんな喜んでくれた。

「この試み、すごくいいね。ぜひまたやりたい」と思ったものの、実際のところ、給食作りにはたくさんのルールがあり、そう簡単にはできなかった。

「来週、一日だけ作りに行く！」というようなことは、制度上できないのが現実だ。

僕が作りに行くためには、検便などの検査をクリアしなければならないし、カリキュラムに組み込まれているので学校のルールに従う必要がある。また、学校内で作る給食もあれば、給食センターで作って配送する場合もあるし、使える食器の数や道具も限られていたりする。驚くほどたくさんの制約があるのだ。

すごく有意義な企画だと思いつつも、僕一人の手には負えないとあきらめかけていた。

そんなとき、和食給食が減ってきているという現状に危機感を持った**「五穀《ごこく》豊穣《ほうじょう》」**＊の西居《にしい》豊《ゆたか》さんが、「面倒くさい手続きや準備のあれこれはこちらが全部やるから、和食料理人が給食を作りに行く企画、ぜひやってみましょう！」と持ちかけてきてくれた。

「そういうことだったら、渡りに船だ、ちょっとやってみるか！」ということになった。それが和食給食応援団の始まりだ。

＊合同会社五穀豊穣——農業や漁業が雇用を生み出す産業になり、地域に生き続けられる人を少しでも増やしたいという理念を掲げて、二〇〇九年八月から業務を開始。二〇一四年、和食給食応援団を設立。
食べる側が価格の決定に大きく影響する一次産業の特徴に着目し、「作る人」を応援する仕事から「食べる人」を育てる仕事へと転換。農林水産省、和食材の食品メーカー、全国各地の農業団体とも連携しながら、和食給食応援団の活動を通して、学校給食における和食文化普及に取り組んでいる。

若い栄養士さんも和食が苦手だった

学校現場の悩みというか、課題に少し触れると、実は、和食給食を作ろうにも、現場では「献立作りが難しい」という問題があった。

世代交代によって、経験のある栄養士さんが辞めてしまったり、そもそも若い世代の栄養士さんたちは、自分自身が子ども時代に和食を食べてきた機会が少なかったりする。

給食で和食を出しても、残す子どもが多いという悩ましい問題があったため、どうしても、今の子どもに人気があるメニューに偏りがちになっていた。

残食（食べ残し）＊は心が痛む。食べ残したものはすべて捨てなくてはならない。そうなると、学校給食に和食が登場するのが月に一、二回ということになる。朝ごはんはパン、夕ごはんはパスタやめん類という家庭も多いから、一日に一回もお米を食べずに終わる子どもも少なくないというのが現状だ。

「五穀豊穣」の西居さんは、もともと日本の農業を応援する仕事をしていたため、そんな給食現場の現状に危機感を抱いた。

そこで、「週三回は、和食で献立を立てたい」という目標を掲げた。そして、現場の栄養士さんの献立作りに、僕のようなプロの料理人が協力して、実際に一緒に作って食べるという試みを始めることになった。

西居さんといろいろな学校を訪問して、手探りで始めた活動だったが、やっていくうちに、現場の栄養士さんたちから「うちの学校にもぜひ、来てほしい」という声が次々とかかるようになった。

僕には自分の店の仕事もあるので、全部の依頼に応えられず悩んでいたところ、周囲の料理人仲間が「やってみたい」と手を挙げてくれるようになった。

「自分も子育て中だから興味がある」「子どもとのコミュニケーション作りに活

かせるから」などと理由はさまざまだったが、賛同してくれる料理人がいることはとてもありがたかったし、嬉しかった。

五、六人が集まり、それが、和食給食応援団の前身となった。

最初のうちは名前すらない活動だったが、今では全国どの都道府県にも協力してくれる料理人がいて、その数は五十名以上にもなっている。

＊残食——家庭での食べ残しではなく、外食店や給食における食べ残しのことを意味することが多い。

平成二十七年一月に、都道府県教育委員会を経由し、全国の市区町村教育委員会に対し実施したアンケート調査（回答率約八〇％）によると、「児童・生徒一人当たりの年間の食品廃棄物発生量（平成二十五年度推計）」は、「一七・二キログラム」との結果が出ている（環境省「学校給食から発生する食品ロス等の状況に関する調査結果について」〈二〇一五年四月二十八日〉参照）。

和食給食応援団の献立作りの流れ

次のような流れで、小学校に和食給食を作りに行っている。

❶ **訪問する学校が決まる**

⬇

❷ **学校側と打ち合わせ**

「近所で収穫できるこの野菜を使ってほしい」「献立は自由に考えていただきたい」など、リクエストをヒアリング。

⬇

❸ **オリジナルレシピを考える**

ヒアリングをもとに、「白いごはん＋汁物＋主菜＋副菜」の組み合わせをベースにレシピを考える。

基本的に旬の食材を使うので、レシピ考案にかける期間は二か月くらい（あまり先々のことまで考えると季節と合わなくなるため）。

⬅

❹ レシピを提供

その学校の設備で作れる献立か、材料の調達は可能か、使用する食器類に配膳できるかなど、現場の栄養士さんたちに検証してもらう。やりとりはメール、電話、ファックスなど。

通常は**先割れスプーン***を使用している学校であっても、「笠原の献立」のときは必ず箸を用意してもらう。

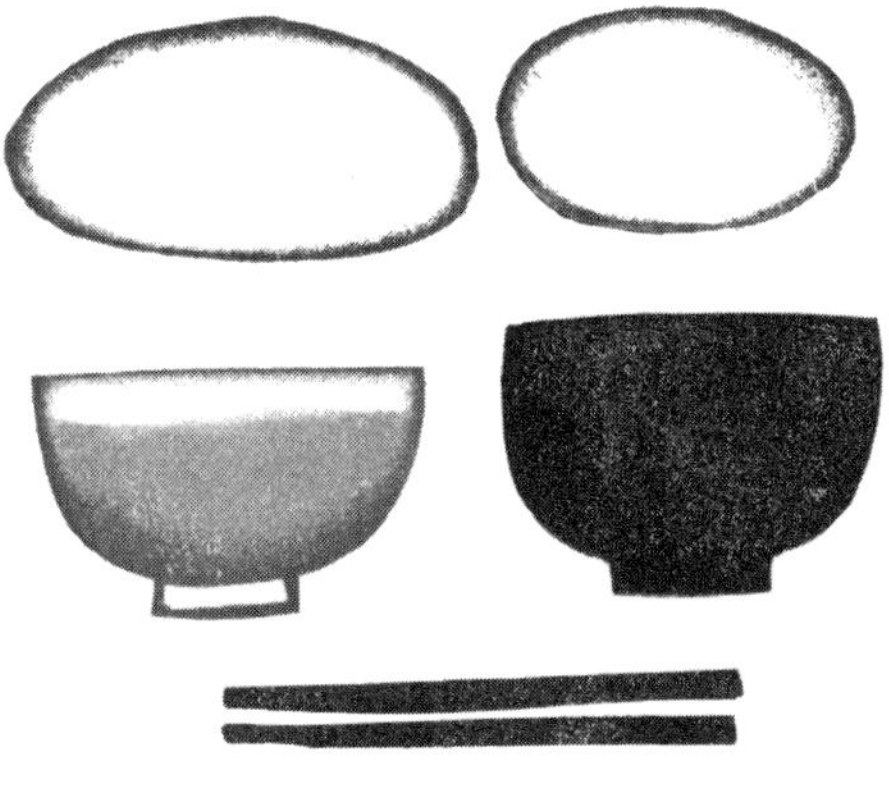

⬅

❺ レシピの再考（必要に応じて）

⬅

❻ 和食献立を提供する（当日）

学校を訪問し、自分も給食室に入って作るときもたまにある。学校給食は一度に何百人分も作るから、量の桁の違いが半端ない。

そのため、ふだんの店の料理とは違い、味つけには不安もあるし、とても緊張する。

⬅

❼ 子どもたちと一緒に給食を食べる

盛りつけ、配膳を見守りながら、子どもたちと「いただきます」をする。これが最高に楽しいひとときだ！

「出汁がきいていていておいしい」などと言いながら、目の前で残さず食べてくれるのを見られたときは、とても嬉しい。

「好き嫌いが多いと、将来デートしたとき、困るぞ」「お箸の持ち方はきれいなほうが、印象よくなるよ」「ごはん、おかずを、順繰りに食べるのがおすすめだよ。汁物だけ先に飲んじゃダメだぞ」……など、子どもたちと一緒に給食を食べながら、そんな話をしたりもする。

＊**先割れスプーン**——先端が三つに分かれていて、フォークのように刺したり、スプーンのようにすくうことができる。一九五〇年代頃から学校給食に使用され始めた。
現在は箸が主流だが、学校給食を実施する公立の小・中学校の約三割で使用されている（文部科学省「学校給食における食堂・食器具使用状況調査」〈平成十八年度〉参照）。

子どもが和食嫌いというわけではない

僕が提供した給食を実践したあとは、和食献立を取り入れる日が増えた学校がほとんどだ。これはとてもいい変化だと嬉しく感じている。

食べる機会、触れ合う機会が、ひと昔前の世代より減ってしまっただけで、今の子どもたちが和食嫌いというわけではないのだ。

喜んで食べてくれることがわかったことは確かな手応えとなったし、お互いに貴重な成功体験をしたと思う。

店の献立作りにも通じることなのだが、僕は給食にも、ストーリー（物語）が大事だと思っている。

大人になると「体のため」「健康のため」と意識するようになるので、そこまでおいしいと感じられないものでも食べることができる。

でも、子どもは正直だから、わかりやすい味に反応してしまうものなのだ。それは仕方がない。シンプルな味つけの和食よりも、パンチのきいた味のナポリタンやハンバーグを好むのは当たり前だろう。

それを踏まえて、和食給食応援団で給食を作りに行くときは、子どもたちに献立の背景にあるストーリーをいかに伝えるかということに工夫を凝らしている。

たとえば、献立に使う食材は、地元産のものがほとんどだ。すると、子どもの家族の誰かがその食材の生産者ということもある。そういうことをきちんと伝えるようにしている。

地元でとれる食材が全国にも誇れるすごいものだということを、子どもたちにはまず伝えている。

そして、大根農家の子がいれば、家ではいつも大根をどういう料理にして食べているか聞いて、ほかの子どもたちにも、その味をイメージしてもらう。みんなで「おいしそうだね」という感覚を共有することで、大根農家の子は、少し鼻高々というか、誇らしげな表情になったりする。

やはり、身近な大人が給食を支えている一人だということは、とても誇れることだし、その食材が使われた給食は、その子にとっても特別なものになるのだろう。

子どもと一緒に出汁を取る、味わう

時間に余裕があれば、僕が和食献立を作って一緒に食べたそのあとに、出汁を取る体験授業をすることもある。

昆布とかつお節だけのシンプルな出汁の取り方を実演している。

〈毎日できる「一番出汁」の取り方〉

❶ 昆布を水にちょっとつけておく

↓

❷ **じわじわ温める**

昆布のおいしい出汁が取れるのが六〇～七〇度くらいと言われているため、あえてゆっくり沸かす。

⬇

❸ **もうすぐ沸騰しそうというところで、昆布を引き上げる**

沸かしすぎると〝えぐみ〟が出るので注意が必要。

⬇

❹ **入れ替わりにかつお節を投入して、火を止める**

⬇

❺ **かつお節がちょうど沈むくらいまで、ひと呼吸置いておく**

⬇

❻ **出汁を、布巾やキッチンペーパー、ざるなどでこす**

これで、一番出汁のできあがり！

子どもたちにはできあがった一番出汁を飲んでもらい、味わってもらう。この一番出汁にちょっと醤油を垂らしたり塩を入れたりすると、さらにおいしくなる。

実際に給食を食べたあとに、うま味の真実というか、正体というか、そういうものを、五感で存分に味わってもらうと、みんなの表情が、ふわっと輝き出す。その表情だけで「おいしいな」と感じているのがわかる。

ほとんどの子どもにとっては初めて感じる味なのだろう。

店の出汁と家庭や給食の出汁は、まったく別物でいい

前項で紹介した一番出汁だが、あくまで子どもたちに「出汁とはなんぞや」ということをわかってもらいたくて紹介している。そのため、実際の給食や家庭料理では、このような上品な出汁だと、逆にパンチがなくて物足りない味になってしまうことだろう。

給食や家で作る和食は、味噌汁や煮物などが多いはずだ。そういうふだんよく食べる和食には、昆布とかつお節のえぐみが出ているくらいの出汁のほうがおいしかったりする。

昆布もかつお節も最初から一緒に入れてぐらぐら煮て、取り上げるときも、キッチンペーパーなどで濾したかつお節をギュウギュウしぼってかまわない。

使う素材も、スーパーで手に入る安価な昆布とかつお節で十分だ。多めに作るときや家庭料理では、細かいことをあまり気にしないほうがいい。店の和食と家庭の和食は、まったく別物なのだから、それでかまわない。

出汁は和食の基本となるものだが、なんとなく「難しいもの」というイメージを持たれているのではないだろうか。

和食は、「日本人の伝統的な食文化」として**ユネスコ無形文化遺産**＊にも登録されている世界に誇れる食文化だ。

でも、その土台となっている出汁は、実は、ほかの国の料理の出汁と比べても、すごく簡単に取れるものだということを、僕はもっと日本人に知ってもらいたい。

西洋料理のコンソメスープや中華スープの出汁などは、野菜や鶏ガラを何時間もコトコト煮込んで作る。それに比べて、前述したように、和食の出汁のほうがはるかに簡単で作りやすい。

和食は日本人のソウルフードだから、誰もが簡単に作れる家庭料理なのだ。

その原点にもう一度、帰っていくべきではないのか。

そのためにも毎日のごはんを作っている方々には、「難しいことを考えなくていいんだよ!」と、声を大にして言いたいと思っている。

＊ユネスコ無形文化遺産――有形の文化遺産に対し、二〇〇三年のユネスコ総会において新たに保護の対象となったもの。口承による伝統及び表現、芸能、社会的慣習、儀式及び祭礼行事、自然及び万物に関する知識及び慣習、伝統工芸技術など。
「和食」は「日本人の伝統的な食文化」として、二〇一三年にユネスコ無形文化遺産に登録された。

献立作りのヒントは不自由さ

和食給食応援団の献立作りは、料理人の「腕の見せ所」でもある。自分の力が試される場であると同時に、やりがいがあるし、〝縛り〟もある。だからこそ面白い、と感じている。

まず、食器類（器の種類）の縛りがある。それによって、盛りつけられる料理が違ってくる。

使える食材、使えない食材もあるし、原価や栄養バランス、カロリーのことなども考慮しなければならない。

それでも、店の献立を考えるときと同じように、「なんでもいいからおいしいものを作ってください」と言われるよりも、「この時期は、旬の食材はこれしかない、値頃感もあるので、この食材を中心にしてほしい」と言われたほうが、はるかにラクだ。

そして、メインの食材を決めたあとが料理人の本領発揮となる。

行った先の土地の子どもたちは、ふだんからその食材を当たり前のように食べ続けている。だからこそ、「絶対にこういう食べ方はしたことがないだろうな」という新しい調理法を僕は考えるようにしている。

たとえ一つの食材だけでもいいから、その地域で当たり前のように食べ続けてきたものではない料理をこしらえてみたいという思いがあるからだ。

たとえば、大分県国東市立国東小学校で学校給食を作ったときのことはよく覚えている。

この小学校は、給食センターで作ったものを学校に運ぶという「センター（共同調理場）方式」をとっていた。調理後、子どもたちが食べるまでにちょっと時間が空くので、料理が冷めたり、色や食感が悪くなってしまうというデメリットがあった。

僕が提案した献立の主菜は、揚げた地魚のあんかけ。でも、センターで作るから「あん」を食べる直前にかけることができないことがわかった。

ごはん茶碗のほかに使える食器は二つだけだった。一つは汁物用。もう一つは主菜の揚げた地魚用。汁物を出さないわけにはいかないし、さあ、どうしたものかと頭を悩ませた。

考えた末、あんをかけてから配食しても、揚げ立てに近い食感が長持ちするよう、魚を揚げる衣に「ぶぶあられ」を使うことに決めた。ぶぶあられはかき揚げの衣やお茶漬けなどにも使われている身近な食材だ。

これがうまくいって、揚げ物のカリカリした食感を子どもたちに味わってもらうことができた。

もちろん、食べる直前にあんをかけたほうが、カリカリ感が味わえて、抜群にいいのはわかっているのだが、そこは縛りがあるから、あきらめないといけなかった。

でも、縛りのおかげで、ぶぶあられを使うよさも発見できた。あんを吸ってふやけたぶぶあられは、やわらかいおせんべいのようになり、それはそれでおいしかったわけだ。

子どもたちには、慣れ親しんだ食材の新食感を体験してもらえた。僕にとっても、店で出す献立にはない独特の縛りが、とてもいい刺激になった。

このように、縛りが、逆に仕事に深みをもたらしてくれることもあるのだ。

時代とともに食卓の風景は変わるもの

焼き鳥屋を営んでいた僕の父親は、基本的に和食派。体にいいからという理由で味噌汁も毎日欠かさず飲んでいた。白いごはんに味噌汁。そして、店の残り物のおかず。これが僕の幼い頃の我が家の食卓の原風景だ。

両親が店の切り盛りで忙しいから、僕は近所に住んでいた祖父母の家でごはんを食べることもよくあった。そのときも基本的には和食。

僕は一人っ子だったし、両親も店のことで手一杯だったから、家族が揃ってごはんを食べることはあまりなかった。だから、アニメの「サザエさん」の家みたいに、みんなが揃って「いただきます」をするという感覚がずっとわからなかった。

「サザエさん」を通して思うのは、みんなが揃って食卓を囲む風景というのも、もう昭和のものになったということだ。三世代が同居して、おじいちゃん、おばあちゃん、子どもと孫がいて……という家は、かなり少なくなっているのではないか。

これは、出汁の取り方にも通じることだと思うのだが、今の人たちは「理想の食卓」「理想の家庭」のイメージからも、自由になったほうがいいと思う。

たとえば、テレビで新築マンションのCMを見たりすると、微笑み合っておしゃべりをしながらごはんを食べている家族や、いつまでも仲睦まじい夫婦が登場したりするが、そういうのは多分に理想像だ。

今の笠原家の食卓だって、みんなわりと黙々とごはんを食べている。それでも、たまには「今日、友達がこんなこと言っててさ……」とか、「ちょっと聞いてくれる、仕事でこういうことやってるんだけど……」とか、「店に来たお客さんが面白いこと言ってね……」とか、たわいもない会話のキャッチボールがあったりする。

上の娘二人は社会人と大学生、末の息子は高校生だから、そもそも一緒に食べることがない。食事の時間帯がまったく噛み合わないからだ。店の仕事が終わって僕が帰宅する時間には、もうみんな寝ている。

たまに家族が揃っても、ぜんぜんきちんとしていない。サバ缶を缶のまま食べたり、面倒くさいときはコーンフレークをラーメンのどんぶりで食べたりということもある。

僕の場合、夕ごはんのときは先につまみを食べて、ごはんは締めで最後にしたいから、食べる順序も息子とは真逆だったりする。

ふだんの僕の夕ごはんと言えば、店で出した刺身の切れ端とか、形の悪い部分や、ちょっとお客さんには出せないものなどを持ち帰って、ささっと食べているという感じだ。それに納豆ごはんとかを合わせたり。ちょっと最近食べすぎだなと感じたときは、冷奴に何か垂らして、「ごちそうさん！」というときもある。

みんな忙しいし、食べる時間もばらばら。リアルな食卓は、多くの家庭がそんな感じなのではないかという気がする。

だからと言って、気持ちが離れているというわけではない。

我が家では、たまにみんなが揃う日がわかったら、そのときはスーパーに行って、ちょっといい食材を買い込んで、気合いを入れて作ったりしている。

家のごはんなのだから、そういう我が家の〝家族のカタチ〟みたいなものを、もっと慈《いつく》しんでいいように思う。

「サザエさん」やテレビCMなどに惑わされることなく、ありのままの家族の食卓に自信を持っていいのではないか。そうなれば、ごはんを作る人の気がラクになるし、食べる人も気軽においしく味わえるはずだ。

修業時代の師匠の教え——「人の役に立て」

僕は、関西の日本料理店で九年間修業をした。

下働きから始まった修業は大変厳しいものであったが、料理人としての心構えがこの修業によって身についたと言える。

技術はもちろんのこと、修業時代に学んだことはすべて今に生きていると思っている。

そのなかでも特に心に残っているのは、

「自分に余裕があったら人の役に立つことをしろ」

「なんにもやることがないなら仕事をしとけ」

という師匠の言葉だ。

「人間、暇だと余計なことをする」というのが、僕の師匠の口癖だった。

「もし、料理人としての仕事が途切れることがあっても、料理人じゃない仕事をしてでも働き続けろ」と。

やることがなくてフラフラしていると、なんとなく行ったパチンコ屋で散財する……、なんてこともあるかもしれない。

人間、仕事をしていれば何かの役には立つし、自分の腕も上がる。いいことづくめということだ。

料理人は人を幸せにする仕事

食べてくれる人を喜ばせるために、僕はずっと料理の技術を磨いていると思っている。

和食給食応援団の活動もそうだ。夢みたいなごはんを食べられて、すごく楽しいひとときを過ごせたら、それはとても幸せなことだから。おいしいものを食べているときは、どんな人も幸せな気分になると信じている。

僕が初めて包丁を持ったのは小学五年生くらいのときだった。見様見真似で焼きそばとかチャーハンとか、自分が食べたいものを作っていた。

土曜日の昼は給食もないから、豚汁を作ったり。たまたま自分の部屋にオーブンがあったから、お菓子作りにもハマったりした。

親父が料理しているのを間近で見ていたので、「なんとなく、こうやったらできるんじゃないかな？」という感じでいろいろ作っていた記憶がある。

「ペヤングソースやきそば」の上に炒めたハムをのせたり、「どん兵衛」に野菜炒めをのせたり……。

市販品をどんどん自己流にカスタマイズして、グレードアップさせることに夢中になっていたことを思い出す。

今は市販品やレトルト食品もとても充実しているが、そういうものを自分好みにアレンジする方法はいくらでもある。おなかがすいたときに、市販品に頼るのはもちろんいいのだが、自分好みにアレンジできたら、それは、すごくクリエイティブなことだと思う。

知識の深さがおいしさになる

僕の周囲のプロの料理人をちょっと見渡してみても、おいしい料理を作る人は、とにかく博識だ。

料理の場数を数えきれないほど踏んでいるうえに、本を読んだり、旅をしたり、人から話を聞いたりしているからだろう、とにかく知識が豊富だ。

そして、同じ食材にも、いろいろな味があることもよく知っていると思う。

面白い話がある。僕の先輩料理人の話なのだが、若い頃、味覚を鍛えるために、ある時期に同じものばかりを食べに行くという修業を自分に課したことがあるという。

たとえば、毎日うどんばかりを、いろいろな店に食べに行く。すると、何か見えてくるものがあるというのだ。「この店はこんな出汁を使っているんだな」とか、「ここは薄味」「あの店は濃いめの味」「うどんの粉の味もなんか違うな」とか……。毎日徹底的に同じものを食べ続けると、何かしらの気づきがあると言っていた。

その先輩を真似して、僕も「おでん月間」を試したことがある。いつかおでん屋をやりたいと思っていたからだ。

こんにゃく、牛すじ、はんぺん、ちくわぶ……。好きな具材を挙げればキリがないが、出汁のうま味を「これでもか!」というくらい吸収して、口の中でほろり崩れ落ちる大根にかなうものはないだろう。

ということで、「とりあえず大根だけは必ず食うぞ」と決めて臨んだ。

究極的な話になるが、料理には正解がない。食材の組み合わせも自由だし、なんでもありだ。

だからこそ、あらゆる経験の積み重ねが大事になってくる。

ある和食の店に行ったときのことだが、大根か白菜の煮物だったか定かではないが、ほぼ水で煮ただけのようなものが出てきたことがあった。そのお店の主張としては「素材の味を感じとってください」ということだった。

ほかのお客さんは「自然の甘さがいい」などという感想を言っていたが、僕にしてみたら、

「もうちょっと出汁をきかせたほうがおいしいだろうな。薄口醤油くらい入れたらどうだろうか？」

と正直感じてしまった。たまたま僕には、料理人としての深くて広い経験値があるから「物足りなさ」を感じてしまうのだけれど。

でも店の主人に「うちはありのままの素材の味を大事にしているんです」と言われたら、まあ、それはそれで、よしとなるわけだ。ものは言いようだなと思う。

そんな風変わりな店での新しい味との出合いもすべて自分の血となり、肉と

なる。

もちろん、そういうことをして蓄えた経験値や知識が、和食給食応援団の献立作りにも、間違いなく活かせていると感じている。

其の三

和食のこれから、和食の未来

和食の伝承は日本人全員が担うもの

「和食を継承するのは誰なのか？」ということもよく尋ねられるのだが、その話の参考になる興味深い調査結果がある。

平成二十六年度に開催された「『和食』の保護・継承に向けた検討会」で実施されたアンケート調査の結果を見ると、「『和食』を守りつないでいくうえで、中心となるのは？」という質問に対して、属性別の回答としては「家庭の主婦」が最上位に挙げられているのだ。

その次に「小学校の児童」「中学生・高校生」「『家の味』を作ってきたおばあちゃん」「乳幼児を育成中の母親」「小学校就学前の幼児」と続く。

ちなみに、職業別の回答の場合は、「料理人」が一番にくる。そのあとは、「学校給食関係者」「食材生産者（農業・漁業等）」「子育て中の母親」「専業主婦・専業主夫」「食品製造・加工・流通業関係者」となっている。

この結果を見たとき、属性別のトップが「家庭の主婦」というのは、今の日本の家庭環境の現実からは、ちょっとずれていると違和感を感じてしまった。男性が働いて、女性は家庭で家事や育児に専念するというのが、当たり前の時代であればわからなくもないが、もうそれは、主流ではないわけだから。

このアンケート結果から、「料理を作る主婦こそが、和食を継承させるべき」という世の中の認識のようなものが透けて見えるようだ。

でも、主婦だけが和食の継承を担うこと自体が、そもそもおかしいのではないか。なぜなら僕は、日本人であれば誰もがみんな、自分の国の料理のことをもっと知っておくべきだと思っているからだ。

これまでいろいろな国を旅してきたのだが、そこで感じたのは、どこの国に行っても――料理人ではなくても、お母さんではなくても、ただの普通のサラリーマンだったとしても――自分の国の料理にくわしい人が多いということだった。
スペインでバル巡りをしたときも、アテンドしてくれた現地の方は、それはそれは自分たちの食べるものにとてもくわしかった。この地方の食べ物はこれで、バルの定番はあの料理で……というように。

要するに、自分の国の料理以外のものを、毎日のように食べていないということだ。

スペインに行けばスペイン料理を食べているし、フランスに行けばフランス料理を食べている。みんな自信を持って「俺の国の料理が世界一！」「自分の州の料理が一番うまい！」と言っている。

でも、そういうことを言う日本人は、あまりいないように思えてならない。

日本だけではないだろうか。給食にビビンバやガパオライスが出たり、夕ごはんにパスタや中華料理を食べたりするのは。

どこの国でも街に出れば、大手チェーンのカフェやファストフード店があるとはいえ、家庭では自国の料理を食べることがほとんどだ。

韓国に行ったときも、現地に暮らす人は韓国料理ばかり食べていた。

僕は韓国で仕事もしているのだけれど、あちらの店のまかない料理はすべて韓国料理だった。若い子は外でハンバーガーやパスタを食べることももちろんあるのだが、家に帰ったら毎日のように韓国料理を食べている。

若い男の子でも、キムチの漬け方をちゃんと知っている。日本の男子高校生に糠漬けの作り方を聞いても、きっと「知らない」と答えるはずだ。それが和食の弱いところ——課題であり、弱点——だと、僕は残念でならない。

みんなが自国の料理を食べていれば、自然とその国の料理は継承されていくだろう。

だから、家庭の主婦を和食の継承者とするのは、偏見というか、認識の違いもはなはだしいと思わざるを得ない。

和食のいいところが、ほかの国の料理をひきつけた

和食は作り方も味つけもとてもシンプルな料理だと繰り返し言ってきたが、シンプルがゆえに弱点もある。それは、他国の料理と融合しやすいということだ。

たとえば、カレーうどんが、そのいい例だ。もともとのうどんがシンプルな薄味だったからこそ、濃い味のカレーとうまくマッチした。

これは洋食全般に言えることだが、ハンバーグもエビフライも、白いごはんに合う味つけに見事に進化していると言える。

さらに、日本人の器用さによるところもあるだろう。和食の担い手はみんな手先が器用だし、応用力もあって、おいしいものをよりおいしくできる高いレ

ベルの料理人がたくさんいた。だから、舶来品の献立を、コロッケやとんかつのように、ごはんが中心の日本の食事に合うおかずに仕立て上げられたのだと思う。

逆に、刺激的な香辛料をたくさん使う国の料理に、和食を合わせようとしても無理だろう。たとえば、上品な味のすまし汁をインドのカレーに融合させようとしても、どんなに上手に混ぜたとしても、カレーやスパイスの味しかしなくなる。

また、島国だからこそ、外国への憧れも強かったはずだし、海のはるか向こうにある国の新しいものを取り入れたかった、という地理的な事情もあるように思える。

シンプルさという強みが逆に、本来の和食を日本人から遠ざけることになってしまったのではないか、という気がしている。

子どもたちこそ、未来の和食の継承者

子どもたちの和食の経験値が豊かになれば、「和食って体にいいんだよ。おいしいんだよ」と自然に言えるようになるであろう。だからこそ、和食給食応援団の活動は非常に大切なものだと感じている。

僕はあくまで料理人として、ある学校に一日だけ出向いて、そのお手伝いをしているわけだが、子どもたちの毎日の食事を作っているのは、その家庭の大人たちだ。子育て世代の方々や、子どもの毎日の食事にかかわっている大人たちにこそ、和食を作り、一緒に食べる機会を増やしてほしいと思っている。

今から二十年くらい前のことになるが、二〇〇〇年頃にスローフードブーム

が起こり、それを期に、乾物料理、保存食、昔ながらの製法で作られた調味料などが「自分たちの暮らしにはないもの」として見直されるようになった。

ブーム自体はもう落ち着いているが、大量生産された安いものより、体と自然にやさしいものを選び、じっくり味わおうという傾向は今も脈々と続いている、と感じる。

現に、食材の産地にこだわり、漬け物や乾物を手作りしたり、少量生産で安心・安全なものを好んで食べる人たちが「ていねいな暮らし」の実践者として紹介されるのを見ることも、少なくないだろう。


発酵食品もちょっとしたブーム＊になっているようだ。

「経済優先ではなく、もっと地に足のついた暮らし方をしよう」と、それ自体はとてもすばらしいことだと思っている。

でも、概念こそなかったが、各地でスローフードを続けていた人たちは、今もそして昔も日本中にたくさんいる。

在来作物にこだわる農家、小規模でも独自の天然醸造法で味噌や醤油を作る酒屋とか。家庭で日々、家族のため、食卓のため、糠床や漬け物を作り続けてきた名もなき人たちも、たくさんいるだろう。

だから、こうした「○○ブーム」などといった言葉を目にするたびに、僕はいつも、「そもそも、もともと日本という国にあった食文化なのに、なんで見直さなければならないんだ!?」と矛盾を感じてしまう。なんだか、すごく変じゃないかと……。

「和食はブームじゃなくて、日本人の

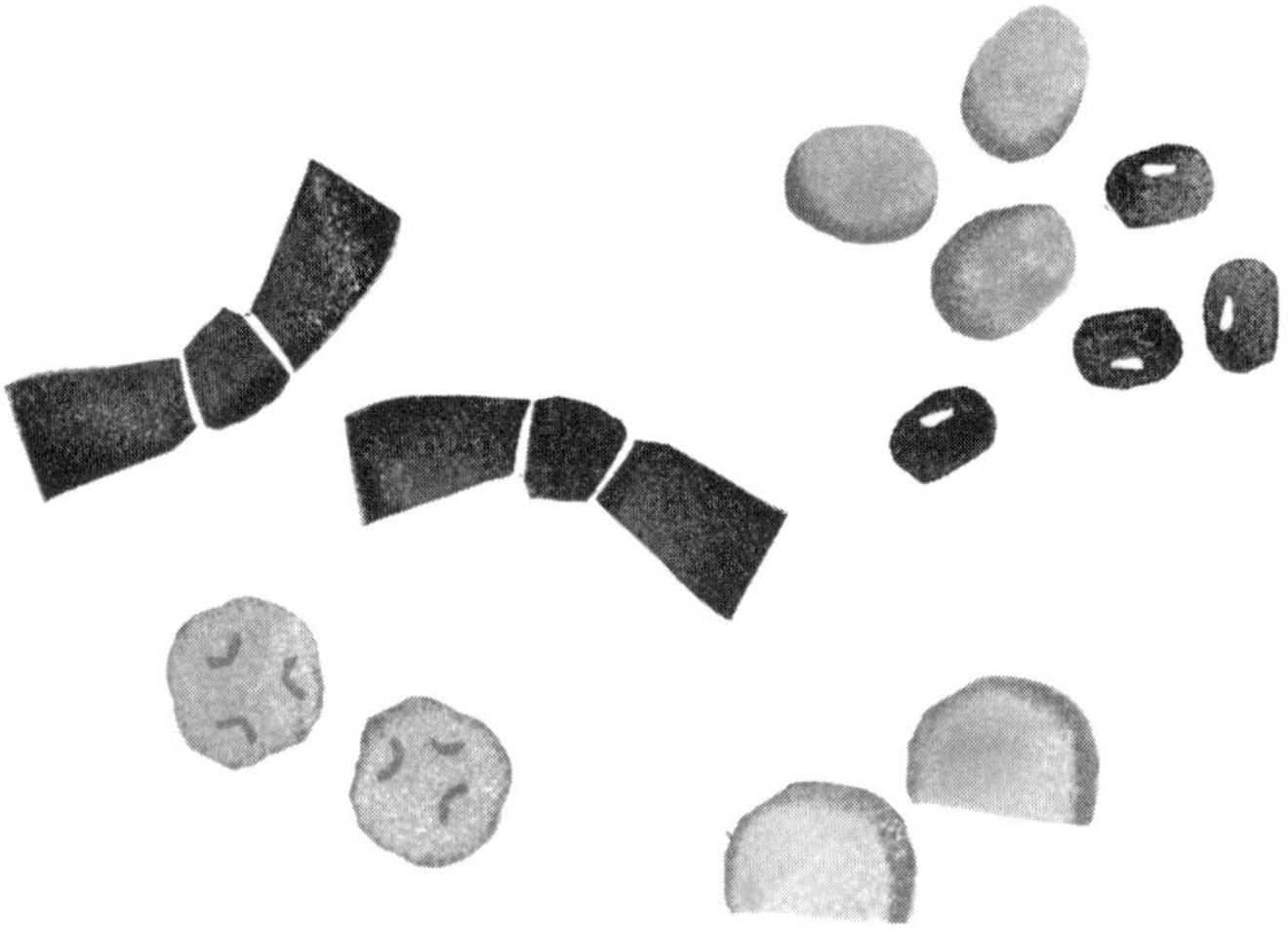

"life"（暮らし・生命）そのものでしょう？　そのことにそろそろ気づきましょう」と、僕は言いたい！

＊発酵食品ブーム——もともと日本には全国津々浦々、地域の気候や歴史、文化的背景、その土地でしかとれない食材を活用したたくさんの発酵食品があった。
ここ数年は、環境問題や生活環境に関心が高い人たちの間で、一種の「カルチャー」としての発酵食品に注目が集まり、たびたびメディアでも取り上げられている。たとえば、オーガニックや菜食主義をよしとする人たちが暮らしに取り入れたり、腸内環境を整えてくれる美容の観点から、そのすばらしさを讃える情報発信をする人たちなどが多数登場した。

スローフードブーム同様、これを原点回帰と言わずして、なんと言おうか。

和食を作り食べることが、環境にやさしい暮らし方になる

最近、持続可能な社会の実現「ＳＤＧｓ」＊が叫ばれている。

☑地元でとれたものを食べる
☑残さず食べる（極力捨てない）
☑旬のものを食べる

これはＳＤＧｓが掲げる理念のほんの一部ではあるが、まさに、和食のことだ。和食はそもそも、その在り方のすべてがＳＤＧｓなのである。

お店の料理は、お客様に一番いいところを食べていただきたいから、多少捨

てる部分も出てくる（僕はその余り物を、晩酌のおつまみにアレンジしたりしているのだが）。

でも本来は、野菜の皮は干して**はりはり漬け**＊にしたり、**きんぴら**＊にしたりして全部食べ切っていた。

魚のあらは出汁を取るのに使うし、出汁を取ったあとは、畑にまいて肥料にしていた。

野菜の種も、ものによっては食べにくいものもあるが、かぼちゃの種はから炒りしたら食べられる。

冬瓜のわたも、捨てずに味噌汁や酢の物に使える。

梅干しの種も魚と一緒に煮れば臭み消しになるし、ごはんと一緒に炊けばほのかに梅の香りがつき食欲をそそる。おまけに傷みにくくなるからお弁当にはもってこいだ。

また、和食には保存食がたくさんあるが、あれは、たくさんとれたときの食材を、無駄にせず食べ切るために考えられた生活の知恵だ。このように本来の和食には無駄など何ひとつないのだ。

和食を一日一食でも食べることを心がければ、SDGsの目標達成にも貢献できるだろう。

＊SDGs――「Sustainable Development Goals（持続可能な開発目標）」の略称。二〇一五年の国連サミットで採択された「持続可能な開発のための2030アジェンダ」に記載された、二〇三〇年までに持続可能でよりよい世界を目指す国際目標。一七の大きな目標と、その目標達成のための具体的な一六九のターゲットで構成されており、「誰一人取り残さない（leave no one behind）」ことを誓っている。

＊はりはり漬け――切り干し大根を醤油に漬けたもの。干し大根漬け。雪が多く降る上越地方の保存食の一つ。

＊**きんぴら**――ささがきにしたごぼうを、醤油・砂糖・みりんなどであまじょっぱい味つけに炒め煮したもの。れんこんやにんじん、大根の皮やブロッコリーの茎などで作ってもいい。思わず捨ててしまいそうな野菜を食べ切るのにとてもいいおかず。

しゃきしゃきした歯応えと滋養たっぷりのごぼうが使われていることで、力強いイメージがある金太郎（坂田金時）の息子の「坂田金平《きんぴら》」にちなんでつけられた名前だという説がある。

和食はとても経済的

二〇二二年二月、ロシアがウクライナに侵攻して戦争が勃発。それ以降、世界情勢はずっと不安定なままだ。その影響で小麦価格が上昇し、輸入品に頼っている日本は、円安の影響ももろに受けて、食料品価格の上昇が家計をじわじわ苦しめている。

前項で触れたように、食材を無駄にしない知恵を実践することは、経済的な食生活に近づく一歩ではないだろうか。

野菜の皮で何か一品作ってみようか、と工夫することから和食に近づいていくのは、とてもいいことだと思う。

皮肉ではあるが、この世界情勢や輸入品価格の高騰をむしろチャンスだと

思って、和食をどんどん自分のものにしていく人が増えることを僕は願ってい
る。

さまざまな食料品が値上がりしていくなかで、お米だけはほぼ安定価格のま
まなのだから、白いごはんを中心に据えた和食を見直さない手はない。

保存食も、おしゃれな暮らしやていねいな暮らしをしている料理研究家や著
名人、ブロガーやインスタグラマーが発信する「特別なもの」という印象が強
いが、本来は、日本人が生きるためにやっていた生活の知恵なのだから、特別
視することはまったくない。

「和食は“life”（暮らし・生命）であり、“hobby”（趣味・娯楽）じゃない」と、
声を大にして僕は言いたい。

たとえば、「漬け物をやっています」「梅干しを手作りしています」と言うと、
「ていねいな暮らしをしてる」「手間暇かけてて、すごい」という反応が少なか
らず返ってくるだろう。

でも、そもそも漬け物も梅干しも保存食で、冬に食材がなくなる時期に備えて、日本人が生きるためにしていたことなのだ。

今はその生きるための知恵が、"hobby《趣味》"になってしまった。だから、ちょっと逆説的に、「漬け物はホビー感覚で面白いよ」などと僕はあちこちで言っている。

物価高の影響で、いったん〝ホビー〟にしていたことが、〝そうせざるを得ないこと〟に再びなっていくのではないだろうか。

余った野菜や見切り品で一品できるなら、できあいの惣菜を買うよりはるかに安くすむ。そうであれば、漬け物作りも、糠漬け作りも、梅干し作りも、生きるために必要なものになるはずだ。

物価高はありがたくないが、和食作りを通して、ピンチをチャンスにしていくこともできるのではないか。それってとてもクリエイティブで楽しいことだ。

言われたことだけやっていても面白くない

子ども向けの料理教室で教えることもたまにある。つい最近の実習では、のり巻き作りをした。子どもたちにとっては工作感覚だったのだろう。すごく細い巻きとか、逆にすごく太い巻きもあったりして、その子の性格が形に出るのが、見ていてちょっと愉快だったりする。

料理教室を通して感じるのは、僕が子どもの頃のほうが、子どもたちのノリがすこぶるよかった気がするということ。今どきの子は、よく言えばおとなしくてお行儀がいいのだが、悪く言えば覇気《はき》が感じられない。

料理教室に来る子は、たいていは親が連れてくる。僕の料理番組やレシピ本を見た親の、「子どもに何か体験させたい」という想いからだろう。子どもからすすんで「行きたい！」と言い出したわけではないから、そもそも受け身なのはよくわかる。

でも、最初は受け身だったとしても、何をするにしても、「自分から覚えよう、学んでやろう」という気持ちがないと、楽しめないのではないか。

言われた通りにやることも、もちろん大事（たとえば、塩を入れるところに砂糖を入れるのは論外なのだが）。でも、そういう基本的なことはさておき、料理はもっと自由になっていいと思う。正解ではないことをすると怒られると思っているとしたら、それは大間違いだ。

レシピ本通りに何もかもする必要はない。盛りつけも自由でいいし、崩してオリジナリティを出していっていいと僕は思う。

子どもたちにこそ、どんどんそうなってほしいと願っている。

理由があるなら、厳しく叱って当たり前

子どもを取り巻く環境が、僕が子どもの頃と今とではぜんぜん違う。

僕の時代には、先生はとにかく怖い存在だった。

だから、自分の子どもの担任の先生にもいつも言っていた。

「もし、言うことを聞かなかったり、ダメなことしたら、いくらでも叱ってください」と。

自分の修業時代のことを振り返っても、先輩から〝どつかれる〟なんて、日常茶飯事だった。

決して「暴力がいい」と言っているのではない。でも、多少厳しい状況に置かれて何かを学ぶからこそ、身につくということもある。

理不尽に厳しくしているわけではなく、「こういうことをしたら恥ずかしいぞ」「これくらい覚えておかないと独り立ちしたときに苦労するぞ」という必死の想いが、教える側にもあるのだ。

でも、今の学校の先生はあまり厳しく叱らない。とても〝やさしい〟先生が多いようだ。一筋縄ではいかない保護者などへの配慮もあるのだろうが、本当にそれでいいのだろうか。

技術や礼儀作法、人間としての気構えなどは、若いうちに徹底的に厳しく伝えたほうがいいと、常日頃から僕は思っているのだが。

やさしく、オブラートに包んだような言い方ばかりしていたら、馴れ合いが生じるだけだ。それでは、日本人が本当にダメになってしまうと危機感すら感じている。

僕はさんざん怒られ叱られたりしながら修業をしてきたが、あのとき厳しくしてくれた師匠や先輩のことを、まったく恨んでいない。むしろ、感謝しているくらいだ。

人にもまれた経験が、料理をおいしくする

今、しきりに「多様性のある社会を……」などと言われている。僕にしてみたら、すごく矛盾しているように思えてならない。

多様性とは、さまざまな人が、互いを受け入れ認め合うということであろう。でも、実際の学校現場や、社会――料理人の世界もそうなのだが――では、いろいろな価値観を認めていないような気がしている。

学校の先生が子どもにやさしくなったという話を前述したが、子どもを指導する立場にある人たちは、学校の先生に限らず、もっと存在感を発揮してもいいのではないか。

ただ現状として、子どもにやさしく接しないと、文句を言いに来る親もいるのだろう。本気でぶつかることができずに、すごく気を遣っている先生がいることは容易に想像できる。気の毒な気もするし、大変だとも思う。

ひと昔前であれば、「学校で先生に怒られた」と、親に伝えると、「お前は、先生を怒らせるようなことをしたのか。一体何をしたんだ!?」と、さらに怒られたりしたものだった。

親に怒られたり、先生に怒られたり、周囲の大人たちに怒られたり……。そういう経験を通してこそ、「人のなかで生きていく」ということを学べるのではないか。

自分が歳を重ねてきたからこそ、わかるようになってきたこともある。若いときは、自分より上の年齢の人のことがよくわからなかったが、今なら、その年代の人の立場や気持ちに、想像力が働くようになった。

自分のことをこっぴどく叱ってくれた師匠の気持ちが、手に取るようにわかる。「あ、あのときは師匠も、一人前の料理人にさせようと大変だったんだなあ」ということを。

人にもまれて育った子は、自然と、周りにはいろいろな考え方を持っている人たちがいること、自分とは違う価値観があることを理解できるようになるはずだ。

多様性や個性、自由を大事に……と言いながら、結局、多様性も個性も自由も認めていない、それが今の日本社会ではないかと思えてならない。

そういうなかで生きていくのはとても窮屈だろう。

料理においても、閉鎖的な空間では、自由な発想や応用力など、出てこなくなる。それは本当によくないことだと思っている。

子どもには可能性がたっぷりある

これからの和食のこと、和食の未来を考えると、ついつい子どもたちの未来のこととかぶってきてしまう。

子どもたちにはまだまだたくさんの時間がある。それは可能性がたっぷりあるということだ。

たとえば、料理教室に来た子どもたちにも、のり巻き作りを通して何かを感じ取ってほしいと願っている。

「料理って面白いな」でもいいし、「きれいに巻くのって難しいな」でもいい。

自分が作ったのり巻きを見て、

「なんて下手くそなんだ！　デパ地下とかに並んでいるのり巻きって、すごいんだな」

「めちゃくちゃ練習して、もっと上手に作れるようになりたいな」

でもいい。

その気づきから、のり巻きを作るにも技術がいるということ、料理をきちんと作ってくれる人がいるということ、料理人さんってすごい、ということになんとなく気づいてくれることを願ってやまない。

その気づきがあれば、出されたのり巻きを、大事に食べようとする大人になるのではないかと思うからだ。

そして、食べ物やそれを用意してくれた人に対して、感謝の気持ちも持てるようになると信じている。

出会いの喜びが夢になる

料理人同士で「なぜ料理人を目指すようになったのか」を尋ね合ってみると、「初めて作った料理を『おいしい』とほめられたから」という答えがわりと多く聞かれる。

最初にほめられたその喜びが忘れられなくて、料理の世界に入る人がとても多いのだ。

ほかによくあるのが、「間近で見た料理人さんがとてもかっこよかったから」というもの。たとえば、「家族でよく行っていたラーメン屋さんのマスターに憧れて」というように。

僕は現在、自分の店やメディアを通して、「見られる立場（存在）」になっている。

だから、調理師を目指して修業中の若者が来たら、
「カウンターからきれいな仕事を見せたい」
「包丁さばきの上手なところを見せたい」
「包丁を使うたびにささっと拭いて、また切って……、美しい流れ作業を見せたい」

というように、料理人・笠原将弘に魅力を感じてもらえることを意識して仕事をしている。

ほかにも、ちょっと面白いことを言って笑わせたりとか。料理人というのは職人だから、怖くてとっつきにくいというイメージがつきまといがちだが、あえてそのイメージを崩すように、ユーモアやジョークの一つや二つ、言うようにしている。

「料理人って、料理ができるだけじゃなくて、こんなに面白いことも言うんだ」

と、見ている人、特に若い人たちに感じてもらうことは、僕にとって嬉しいことだ。

それで、若い人たちが、和食をもっと身近なものとして受け入れてくれたり、和食料理人を目指してくれたりしたら尚のこといい。

和食に魅力を感じてもらえるなら、そして、少しでも関心を持ってもらえるなら、お笑い芸人と絡んで面白いことも言いますよ。それもかっこよさの一つだと思うから。

かっこよく、きれいな仕事をしたい

僕が子どもの頃に見ていた料理番組に出てくる和食料理人は、どうもみんな話が固かった。

料理の腕はもちろんすごいのだけれど、不器用で、話し方もぼそぼそしているために、何が言いたいのかわかりづらかったり……。

「もっと面白いことを言えばいいのにな」なんて、子ども心にも思っていた。

しかも、丸坊主や角刈り頭で、「ちょっと怖い」みたいな雰囲気も漂っていて、近寄りがたいイメージがあった。

でも、今の料理人は、料理だけできればいいわけじゃない。料理人のイメージを僕は変えたいと思っている。

僕はテレビ番組にもよく出演しているが、行ったら堂々と振る舞うように心がけている。僕の本来の活躍の場ではないかもしれないが、周りの出演者に引けをとらないように見せる努力は惜しまない。

僕の一挙手一投足が、新しい料理人像として、子どもたちや若い世代に記憶されることを願っているからだ。

昔は、ちょっと学校の成績がよくなかったり、素行不良だったりすると、「勉強したくないなら板前の修業にでも行け！」

などと親から言われていた。

とりあえず、調理師やコックにでもなって手に職をつけたら、食うには困らないだろうという考えで、親もそんなことを言っていたのだろう。

でも、それはもう大昔の話だ。

料理人には、自由な発想と応用力が必要だし、食材に関する知識も必要。

自分の料理の魅力や味を伝えるための語彙《ごい》力も必要。
本当はそれなりに頭がよくないとできない仕事なのだ。
とにかく、料理人にもインテリジェンスが必要とされているのは、間違いないだろう。

僕自身のことを言うならば、勉強ができたと誇れるほどではないが、料理とその周辺の知識や語彙力を、日々アップデートする努力は怠っていない。和食の魅力、そして和食料理人としての自分の魅力を感じてもらえるように、アピールし続けている。

そういう和食料理人を身近で感じてもらえたら、**子どもの将来の夢のランキング**＊に、「料理人」が入ってくるような日がいつか来るのではないかと信じている（いや、そうなってほしいと願っている）。

夢の入り口として、リアルに自分の人生のお手本となるような料理人と出会えることは、子どもの一生を左右するのではないか。僕はそういうことをイメージしながら、今日も和食を作り続けている。

＊将来の夢のランキング――小学生男子の一位は「会社員」、二位は「YouTuber／動画投稿者」、三位は「サッカー選手」。小学生女子の一位は「パティシエ」、二位は「漫画家／イラストレーター」、三位は「会社員」となっている（第一生命保険株式会社が、全国の小学生・中学生・高校生計三〇〇〇人を対象に行った、第三四回「大人になったらなりたいもの」のアンケート調査結果参照）。

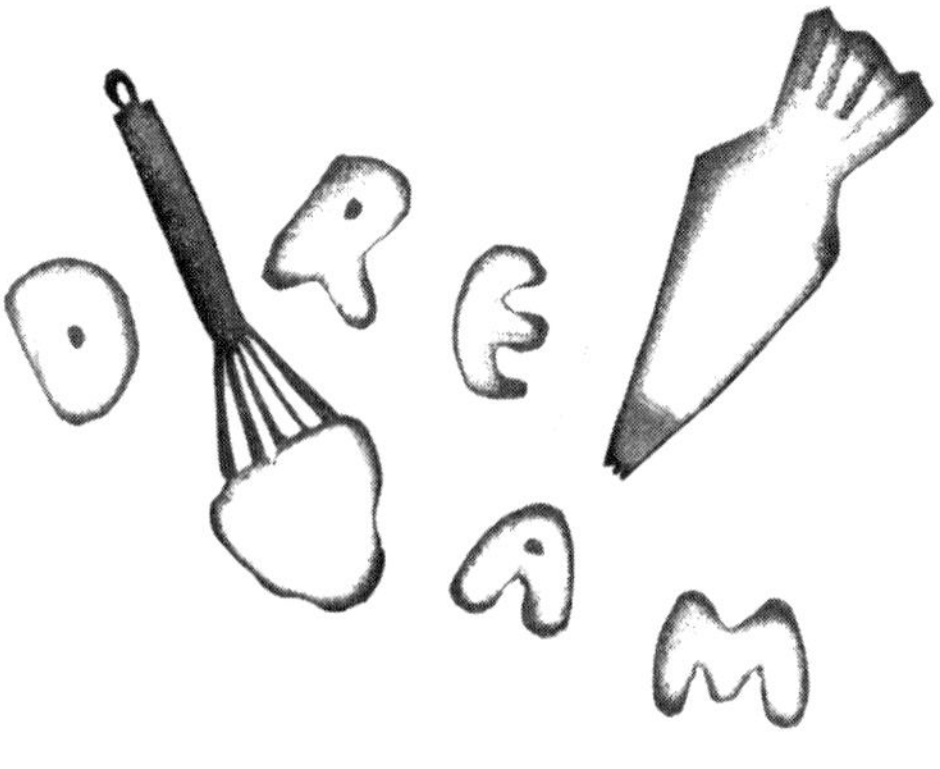

その年齢になって初めて見える世界がある

僕は、この先もずっと料理人を辞めるつもりはない。

もちろん、周りに料理人であることを求められ続けて、迷惑をかけることなく自分ですべての仕事をこなせるということが大前提ではあるが。

稼げるうちは自分で稼ぐのがかっこいいと思っているし、よほど「もう、のんびりしたい」と思わない限り、和食料理人として仕事を続けるつもりでいる。

そういう料理人を見ていたら、若い人たちも「料理人って、一生続けられる仕事なんだ」と思ってくれるはずだ。

よく職人の世界では「一生修業」と言うが、本当にその通りだと思う。

四十代のときには作れなかった料理が、六十代になって作れるということが、きっとあるはずだ。料理人として、自分の年齢とともに変化する料理の世界を僕自身も見てみたい。

年齢の深みや滋味というのか、それが如実に表れるのが料理の仕事ではないかと思っている。

「料理人は年をとってからのほうがいい」と言う人が、実はたくさんいる。確かに二十歳の頃は体力もあって元気だったが、今五十歳の〝料理人の自分〟というのも嫌ではない。

むしろ、今のほうがいいくらいだ。

六十歳になったら、もっとよくなっている自分を想像できる。料理も技術も、接客も、素材を見る目も、スタッフの育て方や教え方も。

あらゆるものがうまくなっているという確信を持っている。

技術が年齢とともに衰えるということはない。日々、店に立って、料理を作っているからだ。

そして、雑誌の連載もあり、レシピ本も作り、テレビの料理番組にも出演して、毎日新しい味に挑戦している。仕事を続けている限り、知識も増えるし、さらに勉強もするし、どんどん研ぎ澄まされていくという気がしている。

継続は力なり。

要は、人を育てつつ、自分も育っているということなのだろう。会社員ではないので定年を設ける必要もない。自分が納得するまで和食料理人を続けていくつもりだ。

自分がかっこよく仕事を続ければ、それに憧れて「自分もこうなりたい」という後継者が出てくるはず。そうなることを願っている。

そして、僕の姿を見て「料理人になりたい！」という子どもが増えてくれたら、僕も料理界の役に立てたと言えるのではないだろうか。

先行き不安なときこそ、チャンス

料理人の世界は、なんの保証もないため不安定だとも言われる。特にコロナショックでは、飲食業界が大打撃を受けた。

僕は調理師学校でも教えているのだが、せっかく調理師の免許を取得したのに、それを活かさずにまったく別の業界に就職していく生徒をたくさん見てきた。親に「不安定すぎるから、やめておけ」と言われたりしたようだ。

でも、和食給食応援団の献立作りもそうなのだが、〝縛り〟があるからこそ、「じゃあ、どうするか?」を考える機会にもなる。

たとえば、通常営業が難しいなら、業務形態を変えてテイクアウトをできるようにする方法がある。

やり方を変えてうまく生き延びようとする飲食店も、ここ二、三年でたくさん出てきた。今までの固定概念を取り払えば、新しい何かを開拓できる可能性は十分にあるはずだ。

たとえコロナショックがあったとしても、それだけで飲食業界が全部吹き飛ぶわけではない。新型コロナウイルスが広まったその時代を、どう料理人として生き延びていけばいいのか、それを考えてみてはどうだろうか。

安泰ではないときのほうが、楽しいということもあったりする。そういうときこそ、今までの自分の経験や知識、技術や発想力を活かせると思うからだ。「このピンチをどう乗り越えようか」と考えなければならない。そういう状況が、僕は、けっこう嫌いじゃない。

そのためにこそ、日々、自分の技術を磨いているのではないかとすら思っている。

世界平和のために、料理ができること

料理人が集まると、「料理で何かできないか」という話題になることがよくある。「食育やろう」という話になることが多いのだが、もっと大きな視点で世の中というか世界を捉えて、ほかにもできることがあるのではないかと思ったりする。

今、世の中が不安定だ。戦争が起こって、たくさんの人が亡くなっているし、日本でも相対的貧困に苦しむ人が増えてきて、明日食べるものにも困っている人がたくさんいる。

〝うまいもの〟を食べながら、戦争などできないはずだと僕は思う。料理の力で何ができるかわからないが、それこそ、ロシアとウクライナの戦争を、料理

の力で終わらせるとか、ふとそんな壮大なことまでも考えてしまうときがある。料理によって人の心がほぐれることは、たくさんあるからだ。

たとえば、もしも僕の目の前にロシアの大統領のプーチンさんがいたとしたら……。ウクライナの大統領のゼレンスキーさんと二人で、カウンターに並んで座ってもらって、ごはんでも食べてもらうというのはどうだろうか。

そのときには、「全部ウクライナ料理だけの朝定食」（一四八ページ参照）みたいなものを作ってみたい。

たとえお互いの主義主張が違っていても、どんなに対立していても、「おいしい」と思う感覚は一緒なのだ。人間は同じ空間で同じ体験をすると、親密になれるというのが心理学的にも実証されているという。

反抗期の子どもをなだめる料理とか、仲直りのタイミングを逃した夫婦のための料理とか、料理で人と人が歩み寄れるきっかけを作れたらすばらしいと思っている。

カウンターから垣間見える人間関係

店で出会うすべてのお客様から、毎日学ばせてもらっている。カウンターに立っていると本当にいろいろな風景が見えてくる。

カップルだけど、まだぜんぜん会話が進まない二人もいれば、黙ってずっとつまらなさそうな顔をして食べ続けている夫婦もいる。

「おいしい」とも何も言わずに黙々と食べていた人たちが、次の予約を入れてくれて帰っていく姿を見たりすると、思わずあっけにとられてしまうというか……。「あれ、満足してくれていたのか!?」なんて、拍子抜けしたりすることもある。

まさに十人十色。

ちょっと思い出深いお客様に、こんな方々がいらした。

ある日、僕が切った鯛の刺身を食べた男性のお客様に、

「君は本当に刺身を切るのが上手《うま》いね」

と、ポツリと言われた。

そのお客様は全国のおいしいものを食べ尽くしていらした食通の方だった。もう亡くなってしまったが、今でも奥様が来店されると、「主人は『笠原君の切った刺身はすばらしかった。鯛をあんなに上手に切れる人はなかなかいないよ』といつもほめていた」とおっしゃってくださる。

鯛の刺身を切るときは、必ずそのお客様の顔が浮かぶ。

また、開店からずうっと来てくれているご夫婦もいらっしゃる。若いスタッフたちのこともいつも気遣ってくださり、やさしくしていただいている。

あるとき、度重なる出張で店に出られない日が続いたことがあった。

久々に店でお会いすると、

「マスターがいないとき、若い子たちはものすごくがんばっているよ。料理もおいしいよ」

と言ってくださった。

僕がお礼を言うと、

「でもね。やっぱりマスターがいると〝間《ま》〟がいいんだよな。説明するのは難しいけれど、間が違う。若い子たちにはまだそこができてないな」

料理を出す間。話しかける間。器を下げる間。

いろいろあるが、それ以来、僕は〝間〟がいかに大事かと肝に銘じて仕事をするようにしている。

お客様というのは、師匠です。本当にいろいろなことを教えてくれる存在だ。

和食を通してチャレンジしたいこと

低価格で食べられる和食、これを続けていきたい。

そして、「あぁ、和食っていいよね」と感じる若い人たちを増やすことが、僕の願いだ。

料亭で和食をいただくと、二万円、三万円するところもたくさんある。料金が高いのは、それだけの理由がある。

たとえば、文化遺産にもなるような建物を維持していたり、季節の掛け軸や花や器を設《しつら》えてたり、きちんとした接客ができる着物を着た中居さんがいたりなどという立派な店は、いつの時代にもなくてはならない大切なものだと思っている。

でも、その最高級の和食でもてなす店が存続していくためには、和食の裾野《すその》自体を広げる必要があると僕は考えている。

料亭には、いい大人だってそうそう行く機会はない。だから若い子であれば、尚のこと雲の上の存在になってしまう。

堅苦しそうだし、緊張するし、おまけに料金も高額だったら、敷居が高くなるのは当然だろう。


だからこそ、「賛否両論」のような店で和食慣れしてくれたらいいなと思う。うちの店であれば、記念日やデート、ちょっといつもよりも背伸びしたいときや非日常感を味わいたいときに、少しがんばれば手が届く価格設定で和食を味わえるからだ。

そうして和食に親しみを持ってもらえたら、和食を好む層も増えていくはずだと信じている。

このままだと、和食好きな人たちが、いなくなってしまうのではないかという危機感すら覚えてしまう。

和食継承者の一人として僕が心がけているのは、とにかく、「小難しいことはできるだけ省いて、簡単にする」ということだ。

そして、「和食への抵抗感や誤解を解いていく」ということ。

これが、僕ができる使命の一つではないかと感じている。

レシピもできるだけ、削ぎ落とす。下ごしらえで面取りをしたほうが仕上がりがいい場合もあるが、忙しくて料理に割く時間があまり取れないのであれば、省けばいい。

調味料を入れる順番も、店に出す料理なら配慮する必要があるが、家庭料理であれば、そこまでこだわることもないだろう。

僕の最近のレシピは、とにかく簡単に作れるようにしているが、決して手抜きではない。要は、家庭で作る和食と、店で作る和食は別物でいいと考えているということだ。

実際に作ってみて「あれ、わりと簡単に、おいしくできた」と思ってもらえれば、レシピを考えた甲斐《かい》があるというものだ。

そうなれば、「和食、またもう一品、チャレンジしてみようかな」という気にもなってくれるだろう。にわか和食職人が巷《ちまた》で一人でも増えたほうが、和食の未来のためにもいいと思っている。

そして、最終的には、みんなでおいしく食べる。それが一番だ。

自分の和食を崩すとき

昔は、その地方でしか食べられなかった料理というのが今以上にたくさんあったはずだ。

でも、流通も交通の便もよくなり、情報がインターネットで瞬く間に全世界に広がる今は、ローカルであることの意味というか、その定義は何かという問いかけが頭をよぎったりする。

僕は東京出身で、両親も東京出身。根っからの東京人。東京はいろいろな食材や料理に触れられる場所でもあるから、その利点を活かして「東京の和食」というものが作れないだろうかと考えている。

それが一つのジャンルになったら面白いのではないか。

東京は、地方のあらゆるものをすごい勢いで吸収して、巨大飲食圏というか、東京独特の食文化を作り上げている。それが東京のローカルらしさ、とも言えるのではないだろうか。

たとえば、沖縄のゴーヤに北海道のウニを合わせた一品を副菜にした「東京の和食」というのはどうだろう。日本全国のローカルを融合させた何かこそが東京らしさ。それを料理で表現してみたい。

僕は、関西系の店で修業をしていたので、味つけも習った料理も関西寄りだ。でも、関西の料理を東京でやろうとしても、なんとなく、意味がないような違和感を感じることがある。

京都に行けば、古都らしい街の雰囲気や、たくさんのお寺に囲まれて、体全体で京都に来たことを実感する。そんななかでいただく京料理だからこそ、「あぁ、いいな」とおいしく味わえるのだろう。

同じ京料理を東京の恵比寿で出しても、どこかしっくりこない。そう感じたときに、自分が培った料理の型を崩していく段階にきたのではないかということに思い至った。

土台には関西での修業時代がある。そして、自分の店「賛否両論」で和食の世界を築き上げてきたのだが、今は、もうその先を見据えるときにきたのかもしれない。

もっともっと、シンプルにしたい

五十歳になって、いろいろなことをシンプルにしたいと思うようになった。それは、前項で、「自分が築き上げてきた和食を崩したい」と言ったことにもつながるものだ。

料理において、あれとこれを重ねて、組み合わせて……、ということをひたすらしてきたところもあるのだが、「あれ、ちょっと重ねすぎちゃったかな」と思わないこともない。年齢のせいもあるのだろうが、シンプルなものがいいなと感じるようになった。

最近、特に地味な郷土料理が、とてもおいしそうに感じられることが増えてきた。

和食も二パターンに分かれていくのではないか。東京のような大都市圏で料理人の個性を前面に打ち出した創作料理と、その地方独自の地場の食材だけを使った郷土料理というように。

僕はいつの日か、四十七都道府県の郷土色たっぷりの和食を食べる旅をしたいと夢見ている。

その土地ならではの食材に触れて、生産者の方にお会いして、地元の料理人の方ともちょっと飲みながら交流して……。そんなことをしながら、日本全国を巡るのが夢だ。

実現できたら、松尾芭蕉のごとく、『料理の細道』のような本が書けるような気がしている。全国津々浦々を旅して、その土地ならではの和食体験ができる日がくるのは、はたしていつだろうか。

四十七都道府県の和食全部を食べ尽くす

四十七都道府県それぞれに、昔から伝わる郷土料理があるだろうし、腕のいい、面白い料理人も絶対にいるはずだ。そういう人たちともっともっと出会いたいと思う。

まだまだ食べたことがない和食が、たくさんあるはずだ。自分の国の料理なのに食べたことがないのは悔しいではないか。

イタリアンとか食べている場合じゃない。まずは和食を徹底的に制覇しなければならないと思っている。

長野県に、和食給食応援団の活動を通して知り合い、親しくしている市場《いちば》祥《さち》子《こ》先生という栄養士さんがいらっしゃる。何かあると声をかけてくれるので、半分プライベートで遊びに行ったりしている。

そんなときには、すでに現役を引退された地元の栄養士さんたちがたくさん集まってきて、それぞれの家の惣菜や何かを持ち寄ってくれる。信州に根づく**お茶請け文化＊**というものだ。これがどれもとてもおいしい。特に漬け物類は絶品だ。

「教えてあげたいけど、これ作るのに四日かかるよ」

と言われると、なかなか時間がとれないのが悔しくて仕方ない。

そのうちに、忙しくしている僕を気遣ってくれて、その季節になるとレシピを添えて、杏の漬け物を送ってくださるようになった。栗の時期は渋皮煮などもある。杏や栗は長野の特産品だ。

そういうつながりで出会った方々から教えてもらったレシピを参考に、その通りに作ってみて店でも一品として出したりしている。

地元の方がずっと作り続けているレシピには説得力がある。それも立派な和食なのだ。

＊お茶請け文化――信州地方には古くから、農作業の合間や午後のひととき、菓子や漬け物などの「お茶請け」をいただきながら近所の人や親しい人とお茶を楽しむ食習慣がある。食材は、その土地でとれる野菜、果物、山菜、木の実を使い、味もしょっぱい味、すっぱい味、甘い味など実にさまざま。長い冬に、囲炉裏端にご近所同士が集まったときの欠かせない楽しみでもあったという。「茶の間」という言葉があるように、お茶には人の気持ちを和ませ、会話を深め、お互いの心をぐっと近づけてくれる効果がある。信州のようなお茶請けがあれば、さらに豊かな時間がすごせそうだ。

料理人はみんなやさしい

料理人は、基本的にはみんなやさしい気質の人が多い。
修業時代に厳しく指導されて苦労をしているし、自分を犠牲にして腕を磨いて、人を喜ばせる仕事をしているからだろう。調理師学校でも若い生徒にそういう話をする。僕自身も、自分のことはそっちのけで人を喜ばせるためにがんばっていると思っている。

以前、さまざまな事情によって、実の親と離れて暮らしている子どもたちが入所している施設に、料理を作りに行ったことがある。知り合いの先輩シェフが声をかけてくれて、交通費も宿泊費も全部自腹だったが、料理人仲間が集まってごはんを作りに行った。

レストランで出すようなごはんを作ってあげたら、もうみんなとても喜んでくれて、僕もとても嬉しくなった。

せっかくだから特別においしいものを食べてもらいたいと思い、和牛をたっぷり入れたカレーや、トリュフをいっぱい削ってのせたパスタを出したら、「おいしい！」と言って、その場が大いに盛り上がった。

唐揚げだったり、卵焼きだったり、焼いたウインナーだったり、子どもはそういうメニューのほうを好む。でも、せっかくプロの料理人が作るのだから、ふだん食べない食材が出てきたほうがいい経験になると思って、とにかく腕をふるった。

それこそ、今後もそういう機会があったら「プチ賛否両論コース」みたいなものを用意するのも面白いかもしれないと思っている。

後日談だが、数年後、その施設の園長さんからお手紙をいただいた。

「卒業生の何人かが料理学校に行くことになりました」と書かれていた。目頭がじーんと熱くなったのを覚えている。

僕たちが作った料理のことが印象に残ったそうだ。バイトをするときも飲食店を選んで、調理師を目指すようになった子もいたというし、ファストフード店でバイトをして、いい成績を修めて賞をもらった子もいたという話をお聞きした。

障害のあるお子さんが通う学校に給食作りに行ったこともある。そのときに保護者の方が**「外食ができない」***という悩みを打ち明けてくれた。「子どもが大きな声を出してしまうので、ファミレスすら行けない」ということだった。

何か力になりたいと思った。

それからというもの、外食がなかなかできないご家族を「賛否両論」にご招待してコース料理を食べさせてあげたいと思うようにもなった。「子ども食堂」

のようなかたちで、昼の時間帯に店に招待したりとか、やり方はいかようにもあると思っている。

まだ実現できていないが、そんな夢も持つようになった。そういう活動の一つひとつが、和食の継承の場にもつながるはずだと考えている。

＊外食する理由——調査の結果、「気分転換・息抜きができるから」に次いで、「家族と一緒に楽しめるから」「友人・知人と一緒に楽しめるから」と続き、「手間が掛かるものを手軽に食べられるから」「本格的な料理を楽しめるから」なども上位に挙がった（日清オイリオグループの生活科学研究課が発表した「外食に関する調査〈第三回〉」参照）。

其の四

こんな和食、どうだろう？

レシピ編

ウクライナの朝定
「ボルシチ、鶏胸肉のキーウ風、パン」

其の四
こんな和食、どうだろう？〈レシピ編〉

仕事を終えて、家で一人晩酌をしながらテレビのニュースを聞いていた。昨年から続く戦禍の情報は毎日のように耳にする。そのときふと思った。ウクライナ版の朝定食を店のメニューにするなら、何を供せるだろうか、と。

和食には「定食」という食事スタイルがある。とんかつ定食、焼き魚定食など、ごはんを中心に汁物、香の物、メインのおかずが同時に並べられた、日本人にはお馴染みのもの。これをウクライナ風にアレンジしたら、どうだろう……。

ちょっと調べてみたら、ウクライナにはこんなことわざがあるそうだ。

「ボルシチ、それはこの世でもっとも素晴らしいもの」

地域や家庭ごとにさまざまなレシピがあり、その数は百種類以上にもなるというボルシチは、二〇二二年にユネスコの無形文化遺産にも登録された（「和食」と同様に！）。ウクライナの朝定と言ったら、やはりボルシチは外せないだろう。

主菜には、ナイフを入れると香草たっぷりのバターが溶け出す、キーウ風のチキンカツレツだ。

白いごはんをどんと真ん中に置きたいところだが、そうすると、「ウクライナの朝定、和食風」になってしまうかもしれない。とりあえず、ウクライナの人たちの主食であるパンに最大の敬意を払いたいので、そこはゴリ押ししない。

……でも、「ご希望の方には、炊きたての白いごはんもあります」とお品書きの最後に小さく添えておくことにしようか。この定食で、いつか彼の地の人たちをもてなしたい。

ボルシチ

栄養たっぷり！　ウクライナのおふくろの味。

【材料・2〜3人分】
ビーツ…1個
じゃがいも…1個
にんじん…1／2本

たまねぎ…1個
キャベツ…1／6個
豚ひき肉…200g
ミックスビーンズ（水煮）…100g
オリーブオイル…大さじ1
バルサミコ酢…大さじ1
塩、こしょう、砂糖…少々
ブイヨンスープ（市販）…800cc
サワークリーム…適量

【作り方】
1 ビーツは皮をむいて、細切りにする。
2 じゃがいも、にんじんは皮をむいて細切りに。
たまねぎ、キャベツは1センチ角くらいに切る。
3 フライパンにオリーブオイルを入れる。

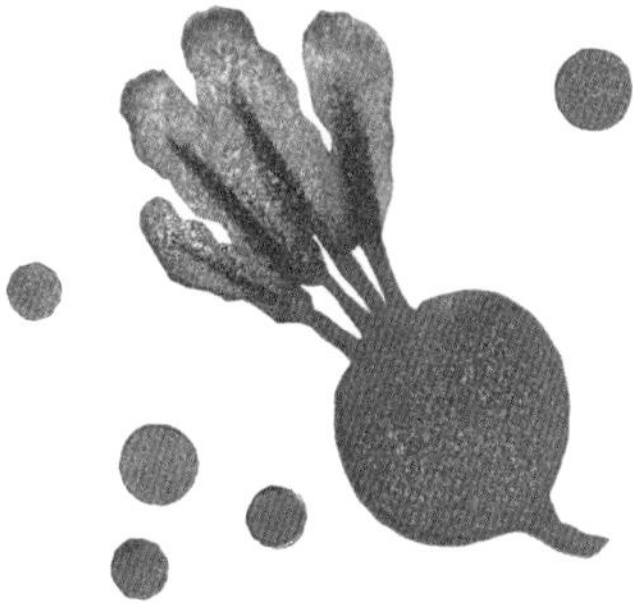

※計量の単位は、大さじ1は15mℓ、小さじ1は5mℓです。

ビーツを炒め、バルサミコ酢をふりかけ、炒め合わせる。
4 豚ひき肉を加え、塩、こしょうをしてほぐれるまで炒めたら、
2の野菜とミックスビーンズを入れ、さらに塩、こしょうをして炒める。
5 ブイヨンスープを加えて弱火で15分ほど煮る。火を止め、冷ます。
6 もう一度温めて、塩、こしょう、砂糖で味をととのえる。
器に注いで、サワークリームを添える。

鶏胸肉のキーウ風

とろ〜り溶け出すバターがクセになる味。

【材料・2人分】
鶏胸肉…1枚
クレソン…1／2把
レモン…1／2個

卵…1個
薄力粉、パン粉…適量
塩、こしょう…少々
サラダ油…適量
【A】バター…40g、おろしにんにく…小さじ1、
パセリのみじん切り…大さじ1

【作り方】

1 鶏胸肉は皮をはぎ、横半分に2等分して、ラップではさんでめん棒などで叩いてのばす。塩、こしょうする。
2 バターを室温でやわらかくして、にんにく、パセリと混ぜ合わせて**A**を用意する。
3 **1**の中央に**2**をのせて包んで、型をととのえる。
4 **3**に薄力粉、溶き卵を2回つけて、パン粉をつける。
5 フライパンに、サラダ油を多めにひいて、中火で**4**を揚げ焼きにする。
6 器に盛り、クレソン、レモンを添える。

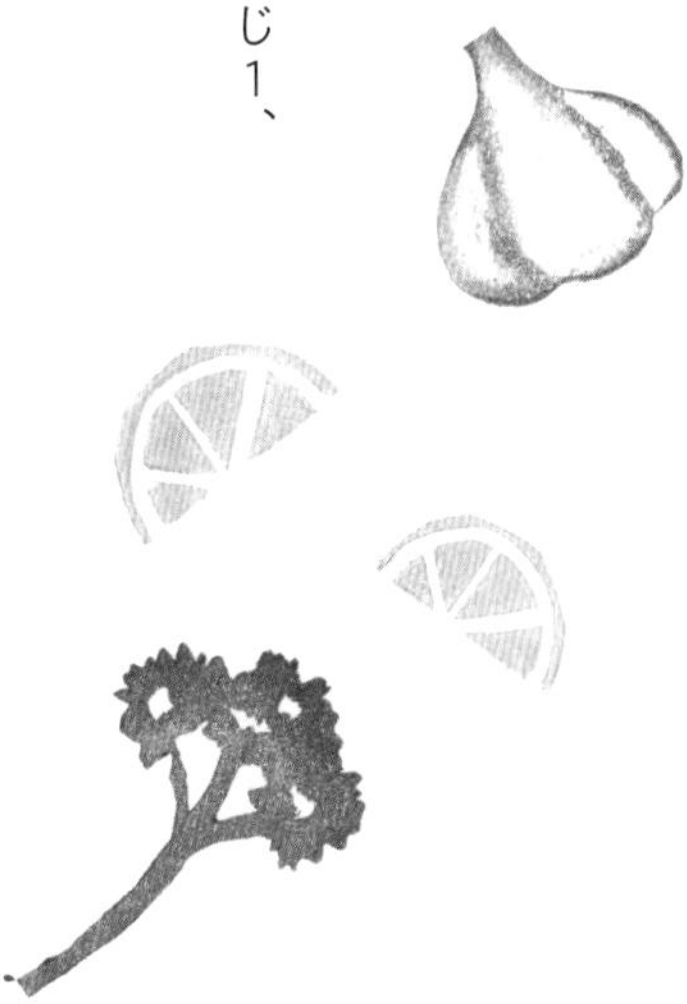

東京の和食
「ポテサラ寿司」

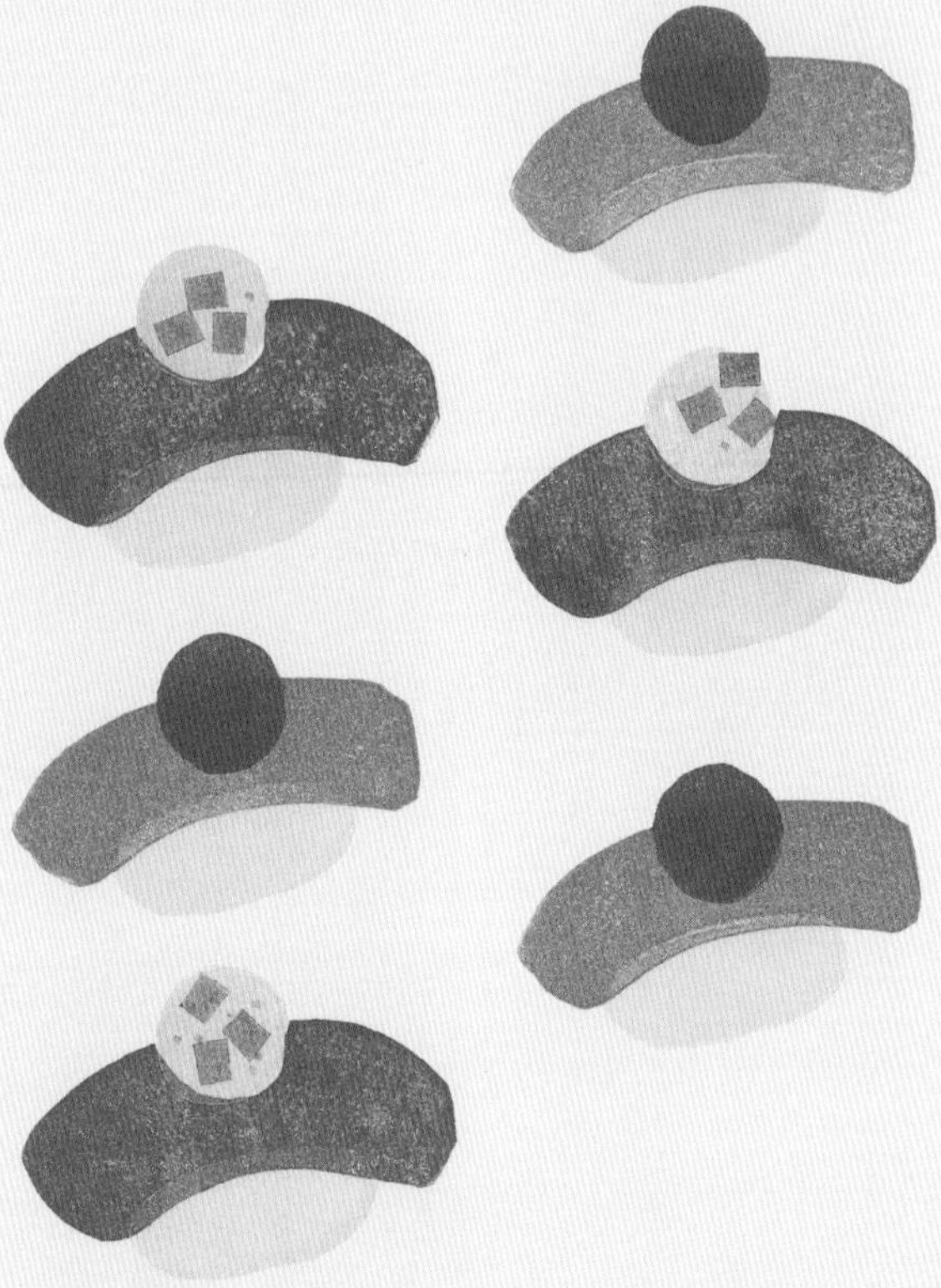

酒の肴に、もう一品あるとありがたいおかずと言えば、日本人が愛してやまない「ポテサラ」。ゆでじゃがをつぶしてマヨネーズで和えただけだから、どんな具材とも相性抜群。何と組み合わせるかでまったく別物に生まれ変わる、可能性たっぷりのおかずだと、僕は日頃から思っている。

……ちょっと、「東京」を感じさせるようにも思える。いいもの、新しいもの、面白いものをどんどん吸収して、常に新しい何かになっているところがだ。

そんなポテサラで作った寿司こそ、まさに「江戸前寿司」だろう。

ポテサラ寿司

シャリの代わりにポテサラ。食卓が華やぐ一品！

【材料・3～4人分】

まぐろ（赤身）…100g

サーモン（刺身用）…100g
じゃがいも（男爵）…3個
万能ねぎ…3本
大根…50g
プチトマト…4個
レモン…1／4個
黒こしょう、塩…少々
マヨネーズ…大さじ3
［A］酢…大さじ1、
　薄口醤油…小さじ2、みりん…小さじ2
［B］醤油…大さじ2、みりん…大さじ1

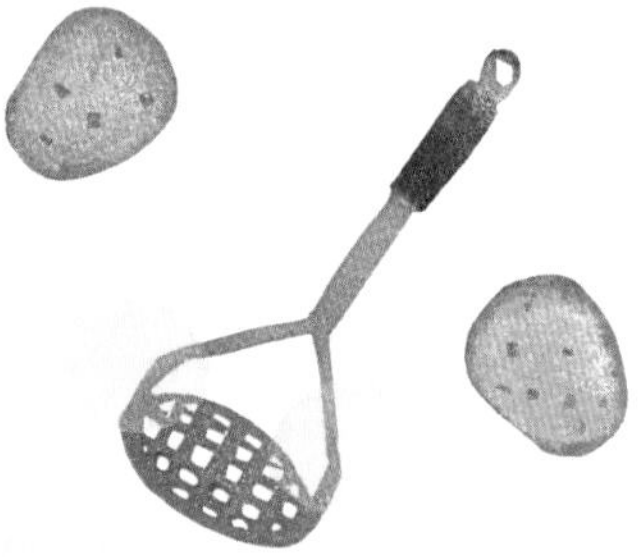

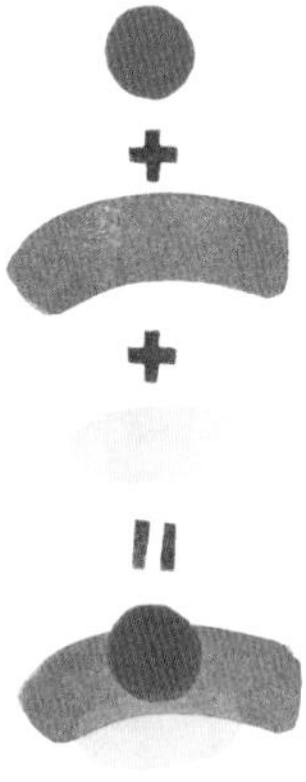

【作り方】
1 じゃがいもは皮をむいて一口大に切り、

水から塩ゆでする。
やわらかくなったら湯を捨て、から炒りして水けをとばす。
Aをからめて下味をつける。

2 **1**をボウルに入れ、熱いうちにマッシャーでつぶす。
あら熱がとれたら、マヨネーズを加え、なめらかになるように混ぜ合わせる。

3 万能ねぎは小口切りにし、大根はすりおろして水けを切る。
万能ねぎと大根おろしを混ぜ合わせて、塩を少々加える。

4 プチトマトは輪切りにする。

5 まぐろは一口大のそぎ切りにし、**B**で和えて、5分おく。
サーモンは一口大のそぎに切りにし、塩を軽くふって、5分おく。
両方とも水けをふく。

6 **2**を一口大に丸め、その上に**5**をのせ、お寿司の型にととのえる。
まぐろの上に**3**を飾る。サーモンの上に**4**を飾り、黒こしょうをふる。
器に盛り、レモンを添える。

仲直りのごはん
「豚しゃぶ鍋」

仲直りの方法はいろいろあるとは思うが……。一例として、まるまる一匹焼いた魚とか、肉とか、取り分けて食べなければならないようなものがいいのではないか。

二人で分かち合う料理こそが効果を発揮するように思う。

豚しゃぶ鍋

かたくなな心も、じんわりほどけていく。

【材料・2～3人分】

豚ばら肉（スライス）…３００ｇ

レタス…１／２個

ごぼう…60ｇ

長ねぎ…１本

大根…200g
七味…少々
黒こしょう…少々
レモン…1／2個
【A】出汁…1600cc、濃口醤油…50cc、薄口醤油…50cc、みりん…100cc

【作り方】
1 レタスは大きめに手でちぎる。ごぼうはささがきにして、さっと水で洗って、水けを切る。長ねぎはななめ薄切りにして水にさらして、しゃきしゃきとさせ、水けを切る。大根はピーラーでリボン状にむく。
2 土鍋にAを入れて沸かす。豚ばら肉、1をしゃぶしゃぶして、汁ごと食べる。お好みで七味、黒こしょう、レモンをしぼる。

地球最後の日のごはん
「和食の朝定食」

元気なうちは、「今日が最後の日になるかも」などということは想像もしないだろう。でも、半世紀も生きてくると「何があってもおかしくない」と思うようになる。SF映画みたいな話だけれど、もし僕が生きているうちに地球最後の日がおとずれたら……。あくまでも想像上のこととして考えてみた。

一品というわけではないのだが、よくある旅館の朝食みたいなのが食べたい。ごはんと味噌汁があって、おいしい焼き魚があって。あとは、お漬け物や佃煮、卵焼きとのりとか。シンプルな和食の定食が食べられたら思い残すことはないだろう（……たぶん）。

鮭の西京焼き
ほんのり甘くて身はふっくら。

【材料・2人分】

生鮭…2切れ
塩…少々
大根おろし…適量
［A］西京味噌…50g、みりん…大さじ1、酒…大さじ1／2

【作り方】
1 鮭は小骨を取り、塩を全体に軽くふって、20分おき、出てきた水分をふく。
2 混ぜ合わせたAを全体にぬって、冷蔵庫で2日間おく。
3 味噌をふき取り、焦がさないように焼く。大根おろしを添える。

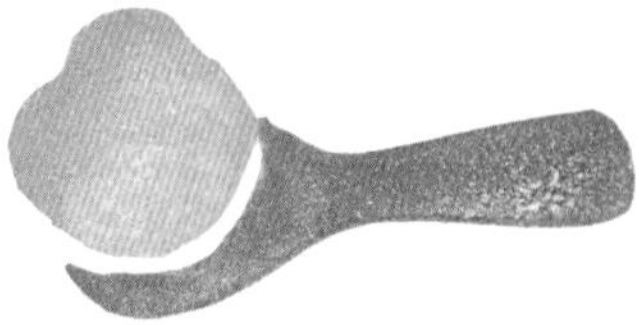

江戸風卵焼き

出汁のうま味がきいた甘辛味が美味。

【材料・2人分】

卵…3個

サラダ油…適量

[A]出汁…大さじ3、酒…大さじ3、
砂糖…大さじ4、醤油…大さじ1

【作り方】

1 **A**を鍋に入れ、ひと煮立ちさせ冷ます。

2 卵をボウルに割り入れ、**1**を混ぜ合わせる。

3 卵焼き器を中火で熱して油をなじませ、**2**を焼く。

豆腐とわかめと長ねぎの味噌汁

体が喜ぶ定番の具材に、ホッと和む。

【材料・2～3人分】

絹ごし豆腐…150g
わかめ…50g
長ねぎ…1／3本
出汁…600cc
味噌…大さじ3
みりん…大さじ1

【作り方】

1 豆腐は2cm角、わかめはザク切り、長ねぎは小口切りにする。
2 鍋に出汁を入れ火にかけ、**1**を入れてさっと煮て、味噌とみりんで味つけする。

なすときゅうりの塩もみ

さっぱり味とシャキシャキ食感に、ごはんが進む。

【材料・2人分】

なす…1本
きゅうり…1本
白ごま…小さじ1
塩…適量

【作り方】

1 なすはへたを切り、縦半分に切って薄切りにする。
きゅうりは塩ずりして、さっと洗ってへたを切り、小口切りにする。

2 1をボウルに入れ、塩少々をふって、しんなりしたら水けをしっかりしぼる。
白ごまをふる。

のりの佃煮

磯の香りがふわっと広がる。

【材料・作りやすい分量】
焼きのり…5枚（しけったものでも可）
［A］醤油…大さじ3、酒…大さじ3、
みりん…大さじ3、砂糖…大さじ1／2

【作り方】
1 のりをちぎって鍋に入れAを加え、中火にかける。
焦げないように混ぜながら、汁けがなくなるまで煮る。

酢だこ

甘酸っぱさがやさしくきいた絶品。

【材料・2人分】

ゆでだこ…足1本、おろししょうが…少々

［A］水…100cc、酢…100cc、砂糖…40g、

　薄口醤油…大さじ1

【作り方】

1 たこを一口大に切って、混ぜ合わせたAに1日漬ける。

おろししょうがを添える。

おわりに――和食を感じてみよう

季節と食べ物を同時に感じられることは、すごく豊かなことだと僕は思う。

「あぁ、風が暖かくなってきた。そら豆ごはんなんていいな」
「暑い日のビール。きゅうりとなすの浅漬けがあれば最高」
「そろそろ肌寒くなってきた。きのこたっぷりの鍋で温まりたい」

こんなふうに、季節を感じて何か食べたくなるときが、きっと誰にでもあるだろう。

昔は今のように便利な天気予報や気象情報のデータもなかったが、二十四節気の一つに「虫が動き始める」という意味を持つ言葉「啓蟄《けいちつ》」があるように、肌で季節を感じ取っていた。動植物の動きや自然のうつろいから、「あぁ、そろそろ春だな」と感じたり、「夏が近づいてきたな」というように。

その繊細な感覚が、すべて和食に活かされていたのだと思う。

旬の食材の料理がまさにそうだ。

八百屋さんで里芋がいっぱい売っていたら、「あ、今、里芋がおいしい時期だな」と自然にわかったわけだ。

旬のものなら、その食材を一番おいしく食べられる。旬の食材なら、簡単に調理するだけで十分。それが少し昔の人の、ごく自然な、普通の和食の作り方だった。

だから、料理下手な人でもそれなりに、料理上手な人なら言うまでもなく、とてもとてもおいしい料理を作ることができていたのだと思う。

季節に寄り添う感性と感覚が、自然とおいしい和食につながっていたのだ。

でも今は、雑誌の見出しに「秋本番。さぁ、きのこ食べよう」という謳《うた》い文句を見て、「もう秋か、きのこ食べなくちゃ。秋の食材探しにスーパーに行こう」と、情報ありきで旬を感じるのが現代人ではないか。

「しいたけ、まいたけ、松茸が並んでいる……もう秋だなあ」と、並んだ食材を見て季節を感じるのが、少し前の日本人の感覚だった。

季節に寄り添う暮らしとは、そういうものだと思う。

それが、和食の土台となるものだ。

一年中、きのこはもちろんのこと、にんじんもきゅうりもなすも、りんごもみかんも揃っている店を見ているわけだから、季節を感じにくくなるのは当たり前のこと。

だから現代人の季節感が鈍るのも仕方がないことではあるが、今、僕たちはそういう環境にいるということを、知識として持っておいたほうがいいように思っている。

今さら、流通や商売のシステム、現代人の暮らし方を根底から覆して、昭和時代に戻るのは絶対に無理だ。だからこそ、心のどこかに、意識して食材の声を聞くというか、感じるというか、そういう余裕を残しておいてほしいと願わずにはいられない。

和食の世界には、「走り」「旬」「名残」という言葉がある。

食材の出始めが「走り」で、その最盛期が「旬」。

「名残」というのは、そろそろ旬が終わってしまう食材のこと。日本料理屋では、旬と名残をうまく組み合わせるのが、いい献立の立て方だと言われている。

たとえば、ちょうど十月くらいになると松茸が最盛期、まさに旬。一方、梅雨のあたりが旬の鱧《はも》はそろそろおしまいの季節。旬の松茸と名残の鱧を組み合わせた土瓶蒸しは、本当に素敵だ。それこそ季節のうつろいを感じさせる一品と言えるだろう。

一つのお皿に旬と名残がある――ちょっと大きな視点で捉えると、こういう一品には人生観すら感じることができる。代替わりというか、去り行くものと新しく台頭してきたものというか……。わびさび、とも言えるのではないか。こういう世界観を感じる心も、和食を支えているものだと思っている。

そうしたことに気づけたら、きっと、和食をもっと楽しめるし、もっと味わえるようになるのではないか。

和食はすでに、僕たちの暮らしのなかにしっかりあるもの。

今さらだけど、皆さんにとっての「和食」を、ぜひ、イチから考えてみてほしい。そうすることで、和食から僕たちが暮らす世界のありようが、見えてくると思うからだ。

和食は季節の移り変わりを感じられるもの。

和食は僕たち一人ひとりの心が形作るもの。

和食料理人として、まだ見ぬ和食の奥深い世界が楽しみでならない。それを、同じ時代を生きる皆さんと共有できたら、それこそ、極上の味になると思っている。

二〇二三年　初夏、今宵の冷奴の薬味を考えながら

笠原将弘

【参考文献、ウェブサイト】

『和食給食』（農林水産省）
『和食給食　食べて学ぶ日本の文化①』（合同会社五穀豊穣）
『「和食」って何？』（阿古真理、ちくまプリマー新書）
『料理物語』（平野雅章、教育社新書〈原本現代訳〉）
『歴メシ！　世界の歴史料理をおいしく食べる』（遠藤雅司、柏書房）
『マンガでわかる日本料理の常識』（長島博監修、誠文堂新光社）
『花見と桜〈日本的なるもの〉再考』（白幡洋三郎、PHP新書）
『カレーライスと日本人』（森枝卓士、講談社学術文庫）
『明治洋食事始め　とんかつの誕生』（岡田哲、講談社学術文庫）
『夏目漱石全集５』（夏目漱石、ちくま文庫）
『知っておきたい「食」の日本史』（宮崎正勝、角川ソフィア文庫）
『ウクライナの料理と歴史』（オレナ・ブライチェンコ／マルィナ・フルィミッチ／イホル・リリョ／ヴィタリー・レズニチェンコ、田中裕子訳、小学館）
『給食の歴史』（藤原辰史、岩波新書）
『世界の郷土料理事典』（青木ゆり子、誠文堂新光社）
『お茶の科学』（大森正司、講談社ブルーバックス）
『平成・令和食ブーム総ざらい』（阿古真理、集英社インターナショナル新書）
『小林カツ代と栗原はるみ　料理研究家とその時代』（阿古真理、新潮新書）
『発酵文化人類学　微生物から見た社会のカタチ』（小倉ヒラク、角川文庫）
『信州おばあちゃんのおいしいお茶うけ』（大平一枝、誠文堂新光社）
味の素株式会社　https://www.ajinomoto.co.jp/
JAグループ福島　あぐり家の食卓　https://www.ja-fc.or.jp/
和食給食応援団　https://washoku-kyushoku.or.jp/
環境省　https://www.env.go.jp/
e-Stat 政府統計の総合窓口　https://www.e-stat.go.jp/
ニッポンフードシフト　https://nippon-food-shift.maff.go.jp/
文化庁　https://www.bunka.go.jp/
外務省　https://www.mofa.go.jp/mofaj/
うま味インフォメーションセンター　https://www.umamiinfo.jp/
伊藤園　https://www.itoen.co.jp/
Plenus米食文化研究所　https://kome-academy.com/
農林水産省　https://www.maff.go.jp/

笠原将弘（かさはら・まさひろ）
1972年東京生まれ。高校卒業後、「正月屋吉兆」で9年間修業後、家業の焼鳥店を継ぐ。30周年を機にいったん店を閉め、2004年9月、東京・恵比寿に自身の店「賛否両論」を開店。リーズナブルな価格で、味に定評のある和食料理が人気を博している。テレビ、雑誌などメディアにも多数出演。主な著書に『和食屋がこっそり教えるずるいほどに旨い鶏むねおかず』（主婦の友社）、『笠原将弘のごちそう帖　おうちでカンタン！ プロの味』（毎日新聞出版）、『賛否両論 笠原将弘 保存食大事典』（KADOKAWA）他多数。
公式HP「賛否両論」
https://www.sanpi-ryoron.com

企画・編集協力　渡辺のぞみ
消しゴム版画　とみこはん
カバーデザイン　唐澤亜紀

今さらだけど、「和食」をイチから考えてみた。

2023年7月23日　初版第1刷発行

著　者　笠原将弘

発行者　松原淑子
発行所　清流出版株式会社
〒101-0051　東京都千代田区神田神保町3-7-1
電話　03-3288-5405
https://www.seiryupub.co.jp/
印刷・製本　シナノパブリッシングプレス

乱丁・落丁本はお取替えします。
ISBN978-4-86029-546-2

本書をお読みになったご意見・ご感想を
下記URL、QRコードよりお寄せください。
https://pro.form-mailer.jp/fms/91270fd3254235